利用网络营销

转型公司

最佳商务书籍《企业转型：护理一间生病的公司至康复》作者

邓耀兴博士

网络转型

利用网络市场使公司转型

9　8　7　6　5　4　3　2　1
09　10

2010 年由 Cooperate　Turnaround Centre Pte Ltd.出版
由 Mentor Media.发行

目录

介绍 ●● 7

前言 ●● 8

如何使用本书 ●●●●●●●●●●●●●●●●●●●●●●●●●●●●● 11

投资策略 ●●●●●●●●●●●●●●●●●●●●●●●●●●●●●●●●● 12

生意转型 ●●●●●●●●●●●●●●●●●●●●●●●●●●●●●●●●● 19

网络和商业转型 ●●●●●●●●●●●●●●●●●●●●●●●●● 26

网络投资环境 ●●●●●●●●●●●●●●●●●●●●●●●●●●● 32

识别你的市场定位和贯彻措施 ●●●●●●●●● 34

网络投资策略 ●●●●●●●●●●●●●●●●●●●●●●●●●●● 35

电子邮件营销 ●●●●●●●●●●●●●●●●●●●●●●●●●●● 42

搜索引擎优化 ●●●●●●●●●●●●●●●●●●●●●●●●●●● 50

联合冒险 ●●●●●●●●●●●●●●●●●●●●●●●●●●●●●●●●● 56

网上标语广告 ●●●●●●●●●●●●●●●●●●●●●●●●●●● 59

加盟营销 ●●●●●●●●●●●●●●●●●●●●●●●●●●●●●●●●● 61

企业联合组织 ●●●●●●●●●●●●●●●●●●●●●●●●●●● 63

博客 ●●●●●●●●●●●●●●●●●●●●●●●●●●●●●●●●●●●●●●● 69

Google 和 Froogle ●●●●●●●●●●●●●●●●●●●●●●●●● 71

链接诱饵 ●●●●●●●●●●●●●●●●●●●●●●●●●●●●●●●●● 73

案例研究 ●●●●●●●●●●●●●●●●●●●●●●●●●●●●●●●●● 75

参考 ●●●●●●●●●●●●●●●●●●●●●●●●●●●●●●●●●●●●●●● 80

邓博士是《企业转机：护理一间生病公司至康复》一书的作者，该书曾在 2002 年也被翻译为印度尼西亚语。一度是管理类书籍畅销榜有名的作品之一。2006 年，他又出新作《企业健康：转机与转型的 101 条原则》。这两本书均被翻译成中文。2007 年，他又发型了三本著作，分别是：《网络转型：使用网络市场是公司转型》，《培训指南：公司转机和转型》和《链接诱饵，提高你在搜索引擎结果的排名》。

邓博士曾多次就企业转机和转型课题被国家媒体采访。他被包括如亚洲新闻电视台、FM93.8 新闻广播电台、《老板》杂志、《经济通报》、《今日》报、《世界经理人文摘》、《联合早报》、StarBiz、Singapore Edge、《海峡时报》等电视、电台和刊物报章公认为亚洲的转机总裁。

邓博士目前是一家设在新加坡的英国跨国企业的总裁，负责亚太地区的业务，领导着 500 名员工。

他拥有 27 年在亚太区企业转机、策略规划和运作管理的相关工作经验。其中，在跨国、本国的公司担任首席执行官的职位长达 17 年。他曾成功带领一些公司走出困境。

邓博士作为行政协会（Executive Council）成员十四年，于 2000-2004 年之间担任新加坡市场协会（MIS）主席，该协会是一个代表着在新加坡大约 5 千名个人和企业成员的国家团体。邓博士获得的学位有经营管理学博士（南澳大学）、工商管理硕士（新加坡国大）、工程学士，他同时还是美国机械工程师协会特别会员、英国电气工程师协会特别会员、英国特许工程师、新加坡专业工程师、英国特许市场营销协会特别会员、新加坡市场协会特别会员、新加坡电脑学会资深会员、新加坡实践管理顾问。

Ewen Chia：亚洲第一的网上商业顾问

毕业于新加坡管理大学，Ewen Chia 获得了管理学学士荣誉学位。毕业后，他一直致力于全职销售市场工作，并像其他人一样以此作为生活来源。

为了努力赚取额外收入，Ewen 于 1997 年开始学习并实践网络商业。**整整五年以来，他每天都从晚上 11 点工作到凌晨 3 点，而白天还要继续他的全职工作。**

为了给家人更好的生活，为了还清信用卡上增长的债务，他受到鼓舞。在经过多年坚忍不拔、彻夜不眠之后，他终于在 2002 年的时候在网上赚得了第一笔财富。从他创业的经验和专业知识中，Ewen 创建了 **Autopilot Internet Income Pte 有限公司**，专门针对热心在网上创业的个人和公司提供**有效的训练**和建议。**Autopilot Internet Income Pte 有限公司**的核心任务是促进和鼓励全世界范围内的网上创业，作为个人或公司获取额外收入或利润的中介。

Ewen 相信只要愿意努力的人一定可以通过网络获得经济自由。他的成功故事和他众多学生的推荐可以证明这些理论。

Ewen Chia 的成功故事

Ewen 自 1997 年就开始从事网络市场的工作，是早期网络商务的先驱。

作为世界享有盛誉的市场专家，Ewen 以其独特的市场建议而闻名，特别是在商业一体化、利润的杠杆效应、产品创新以及网上品牌创建方面。

Ewen Chia 被称为 **"世界第一的超级加盟"**，他的名字就等于加盟市场。

Ewen 是网络市场专家中秘密武器的声名被业界广泛认可，他有着能够击溃竞争对手的神奇能力，能让你的企业不论属于那种性质都能成为万众瞩目的头号销售冠军。

Ewen 是个罕见的奇才因为他实际上每天都可以在网上赚得上千美元。由他建立的一个全新的网络商务最近报告 **2007 年三月在不到 30 天时间内赚取超过 100 000 美元**。

另外一项仅在 **36 小时就产生 149.7 万美元**资金的网络商务，他居然没有在广告与推广上投入一分钱。

Ewen 已经在全世界范围广招学员，教他们使用他的所创的 Autopilot Internet Income™ 系统，这使得任何人都可以完全依靠网络赚取一份全职工作的薪水。Ewen 有超过 300 000 的消费者购买其产品。

由于他的有效教学和策略，很多人都能够辞掉他们的工作，真正过着网络商务的生活并从中获得经济自由。

Ewen 同时也是一个广泛需求的**国际演说家**，他在全世界巡回演讲，和人们分享他网络商务的知识和经验。

他曾在亚当·古学习技术集团有限公司（Adam Khoo Learning Technologies Group Pte Ltd），成

功资源有限公司（Success Resources Pte Ltd），世界网络峰会（the World Internet Summit）以及众多其他机构工作。

2006 年 6 月（新加坡），Ewen 获得由世界网络峰会授予的"**世界网络挑战**"大奖，理由是他新开设的网络商务在 1000 位参与观众的见证下，不可思议的在现场直播的三天内赚取超过 80 000 美元。

2007 年三月（澳大利亚），Ewen 在世界网络峰会上被 350 位观众一致投票通过成为最佳演讲者。

最佳演讲者
澳大利亚 2007 年世界网络峰会
Ewen 在 2007 年三月也被世界最大的网络市场活动——新加坡世界网络大型峰会正式邀请，作为唯一一位当地重要演讲嘉宾。

部分 Ewen 网络市场产品见下面网址：
http://www.SecretAffiliateWeapon.com
http://www.AutopilotProfits.com
http://www.AffiliateOfTheMonth.com

简介

未来在有准备的人手中

未来的商务取决于其管理方法；未来属于那些拥有头脑和能力，能够预测下一步重要步骤的管理者。超前思考，超前计划。做好改变的准备。你不知道什么会发生，但你会做好应对一切的准备。以此作为我们的开始，我们向你隆重介绍 21 世纪的经销概念。假设你拥有一个小型或者中型的企业。你听说过网络是件很好的经销工具。你听说过它可以改变你运营公司的方法。但你不是唯一正确的人，你同样也在阅读或许是网上唯一一本包含了你成功运作生意所需内容的书籍。这些商业原则和经销实践概述会让你的业务成为杰出的成功，不论你的领域，不论你的业务阶段。

如果你在寻求企业网络运作的最大化，那你算是找对了书。

网络为商务的建立、推广和交易提供了巨大的可能性，并且高效而快速。网络环境减少了你必要的运营经费。由于网络的实时性，其可能性远大于电视电话，邮寄信件，以及其他的通讯媒介。它是一个活的实体。想象一下，轻点鼠标，就拥有全球范围内成千上万的潜在客户。这就是因特网。

现代网络是你市场库中最强大的工具。这一件工具就有使你整个企业转机的强大力量。网络不止会激发更有用更高效的市场策略，它还能改变这个市场运作的方式。它在全球范围内增加了市场范围。实际上已经有数以百计的企业在全世界寻找客户，但世界市场巨大，你只需要其中的一部分，就能获得属于你自己的成功。

有人说，获取买家的注意是一件困难的事情，存在的客户就是最大的财富。这些可能是绝无仅有并且绝对振奋人心的，但很多企业也因此不知如何投资。很多公司就这样错过了好的机遇。

首先声明：活跃的网站并不能保证成功。你不能因为你的网站在网上，就假设人们会来访问。很多公司就是这样迅速走向破产。你需要确定你的目的。网上商务的失败通常是由于缺乏基础的商业技巧以及错误的以为网络是一个经销概念。在你采取任何行动以前，你要记住网络只是媒介，一个很好的经销工具。其自身并不是一个经销概念。

本书提供了一个"裁决方案"，用以建立起网上业务和包含了网络市场方法，以此来推广你的业务。这本电子书告诉你如何利用网络经销开始并给你计划和裁决的步骤。它是一个"针对行动"的计划，告诉你如何一步步的利用网络的力量并且，如果需要，帮助你的公司转机。所以说，拥有中小型企业、清晰基础的经销概念和一些前期经验的读者，是获取这些建议并从中获利的最佳人选。

我们可以预见网络的未来：当下使用网络的人口数还不到世界总人口的 15%。所以其用户将在将来继续增加扩张。拥有网络经销的知识会帮助企业家如何在可能性无数的网络世界里投资。这本书的目的就在于此——向你提供赢得这场网络大战你所需的工具。

阅读愉快！

前言

热身

为什么经销的成功对你至关重要？经销是所有商业的驱动力，包括你的。它吸引新的榜样和贡献来维护已存在的客户。在逐步发展的中小企业的世界里，竞争是首要的。对于商业来说，学习创造性与革新性的方法取得利润最大化是关键的。如今的客户大都受到良好的教育，他们的决定通常基于网上大量的信息。他们自己也在海量的信息中艰难的选择。

想要你的网上营销成功，你需要革新性的方法来联系那些潜在的用户，并说服他们来购买你的产品。这很可能意味着完全调整你的营销策略。保证新的客户，并持续的向你的老客户提供一个愿意让他们回头的理由，这是你的公司成功最迫切的需要。

营销是任何商业策略的关键部分，所以应当从公司每个层面去理解。对于个人的初级阶段到管理阶段，营销的重要性需要被强化。对于一个公司，时时关注这样的一个指定的部门非常重要。每个雇员都必须了解营销会影响他们的前途，而且超过其他任何的因素。

为什么使用网络？

在战场上，激烈的行动中，你难道不想拥有最先进的武器么？你或许拥有获胜的热情和竞争的技巧，但起决定作用的往往是正确的工具，它会大大提高你获胜的机会。

无论外科医生如何医术高超，他仍然需要一个装备精良的手术室来为病人做手术。如果没有可用的药物和医学器械，即使病人身边有着最好的医生，他死去的风险还是很大。

这个情节很像现今营销市场。技术决定我们可交流的范围。现代个人计算机是驱动人们交流的多媒体设备：传播电视信号，数字下载以及更多。个人计算机也在迅速的与掌上设备如手机，口袋电脑以及笔记本电脑一起成为移动设备合体。

在过去，联系客户的方式很可能是一份报纸声明，一张传单，或者电视广告，或者一个冰冷的电话。但所有这些都有缺陷并且已经不能适应一个随时随地营销工具的要求。网络却是一个极好的技术。它是很多现今技术的一个大平台，所以它就掌握着企业转机的关键。

一些网络统计

以下数据来自 www.internetworldstats.com，它可以帮助我们理解亚洲网络的增长

亚洲因特网用户和人口统计

亚洲地区	人口（2006年估计）	占世界人口百分比	最新网络用户	占人口百分比	占世界使用百分比	增长（02-06）
仅亚洲						
除亚洲其他地区						
全世界						

备注：1、亚洲网络使用和人口统计与 2006 年 9 月 18 日更新

2、人口数据来源于 world gazetteer 中的资料

3、最近使用数据主要来自由 Nielsen//NetRatings,ITU,和其他当地资源所公布的数据。

以下的图表给出了亚洲国家的具体数据

亚洲	人口（2006 年）	网络用户（2000 年）	最新网络用户	占人口百分比	占亚洲人口百分比	使用增长（2001-2006）
阿富汗	26,508,694		30,000	0.10%	0.00%	n/a%
亚美尼亚	2,967,116	30,000	150,000	5.10%	0.00%	400.00%
阿塞拜疆	8,388,479	12,000	678,800	8.10%	0.20%	5556.70%
孟加拉国	136,138,461	100,000	300,000	0.20%	0.10%	200%
不丹	796,314	500	25,000	3.10%	0.00%	4900%
柬埔寨	15,017,110	6,000	41,000	14.20%	0.00%	583.30%
中国	1,306,724,067	22,500,000	123,000,000	9.40%	31.10%	446.70%
东帝汶	947,401		1,000	0.10%	0.00%	0.00%
格鲁吉亚	4,435,046	20,000	175,600	4%	0.00%	778.00%
香港	7,054,867	2,283,000	4,878,713	69.20%	1.20%	113.70%
印度	1,112,225,812	5,000,000	60,000,000	5.40%	15.20%	1100.00%
印度尼西亚	221,900,701	2,000,000	18,000,000	8.10%	4.60%	800.00%
日本	128,389,000	47,080,000	86,300,000	67.20%	21.90%	83.30%
哈萨克斯坦	14,711,068	70,000	400,000	2.70%	0.10%	471.40%
朝鲜	23,312,595					n/a%
韩国	50,633,265	19,040,000	33,900,000	67%	8.60%	78.00%
吉尔吉斯斯坦	5,377,484	51,600	280,000	5.20%	0.10%	442.60%
老挝	5,719,497	6,000	25,000	0.40%	0.00%	316.70%
澳门	490,696	60,000	201,000	41%	0.10%	235.00%
马来西亚	27,392,442	3,700,000	11,016,000	40.20%	2.80%	197.70%
马尔代夫	298,841	6,000	19,000	6.40%	0.10%	216.70%
蒙古	2,568,204	30,000	268,300	10.40%	0.10%	794.30%
缅甸	54,021,571	1,000	78,000	0.10%	0.10%	7700.00%
尼泊尔	25,408,817	50,000	175,000	0.70%	0.00%	250.00%
巴基斯坦	163,985,373	133,900	10,500,000	6.40%	2.70%	7741.70%
菲律宾	85,712,221	2,000,000	7,820,000	9.10%	2.10%	291.00%
新加坡	3,601,745	1,200,000	2,421,000	67.20%	0.60%	101.80%
斯里兰卡	19,630,230	121,500	280,000	1.40%	0.10%	130.50%
台湾	22,896,488	6,260,000	13,800,000	60.30%	3.50%	120.40%
塔吉克斯坦	6,620,008	2,000	5,000	0.10%	0.00%	150.00%
泰国	66,527,571	2,300,000	8,420,000	12.70%	2.10%	266.10%
土库曼斯坦	6,723,715	2,000	36,000	0.50%	0.00%	1700.00%

乌兹别克斯坦	26,311,197	7,500	880,000	3.30%	0.20%	11633.30%
越南	83,944,402	200,000	10,711,000	12.80%	2.70%	5255.50%
亚洲总计	3,667,774,066	114,303,000	394,872,213	10.80%	100%	245.50%

备注：1、亚洲网络统计数据于 2006 年 9 月 18 日更新

2、点击每个国家名获取该国家或地区的详细信息

3、统计人口数字来源于 world gazetteer 中的信息

4、使用数据来自多个资源，主要是由 Nielsen//NetRatings,ITU,和其他可靠资源所公布的数据

5、引用此站点数据请注明原出处 Internet World Stats

6、获取定义和帮助，请参见网站指导

一些人使用网络与家人和朋友交流；另一些人用作商务目的。对于一些人它是娱乐资源。不管他们的具体原因是什么，人们都在网上！

网络已经成为不同社会、不同年龄阶层、不同国家不同社会的共同点。那么为什么不在这条大河中扬起你的风帆——你一定会有所收获。

公司可以建立起网上的营销体系。他们可以销售商品，提供服务，制造商机，建立和促进网上业务，从而帮助促进业务，使其达到新的高度并大幅增加客户基础。这肯定会是一个机遇而挑战就是成功的投资。

营销通过吸引新客户和保持老客户来帮助提升你的业务。本书将同时告诉你这两项技术。

让我们开始学习这个工具，让网络成功成为现实。

如何使用本书

本书的目的是在于将网络向日常商务敞开。它旨在介绍针对完成常见网络商务策略所需的基本理论以及使用方案。尽管一部着重关注企业转型——你可以使用本书来帮助你的生意走出经济困境，恢复其偿付能力——这里讨论的理论和策略能够用以使任何网络商业获利，不管它处于哪个阶段。

当你阅读本书的时候，你应当做好准备去享受可观的网络成功，不论你的网络投资牵涉了什么。你仅仅需要通过使用我们讨论的方法享受逐步增长的成功。没有什么能阻止你使用这些方法，但是，同时，你不需要使用这里提供的每一条建议，甚至逐字逐句的剖析。

理想的，你应当把这本书同时用作对你网络投资的指导和参考。当你第一次通读全书的时候，仅仅需要尝试着跟着书的内容。不用担心着去做笔记。只需要抓住让你为之一振的想法。开始理解消化网络时间的基础概念，比如社交网络，但不用为了不知如何使用这些媒介来推广你的生意而担心太多。

当你读过这本书至少一遍以后，你就可以把它当做一本参考书来用了。开始发现使用网络进行广告的潜力。开始考虑可能为你的生意有用的具体实践。现在，在你读第二次的时候，你可以开始做些笔记并慢慢建立起具体针对你自己业务的策略。

记住以上所有的，多用自己的想法和策略进行创新。大胆开放，准备实践。这套思维，高于一切，会给你的商业带来成功。

第一章 投资获胜策略

这本书的目的是帮助企业家，在对商业原则有着稳固了解的前提下，利用网络及这种重要媒介的综合信息，帮助他们的企业获得最好的成效。

这本书中特别选择的商业建议，适合那些处于困境中的企业家，促他们的生意从"一定失败"转向"一定成功"。书中的方法以网络为初始媒介，帮你减少开支，迅速达到销售最大化。如果你的生意正处于即将崩溃的边缘，这本书将会成为你的生命线。

传统的投资通常被限制于所谓的砖石结构，因此有必要由传统模式转向对于中小企业更实际更高效的新方法。中小企业对于适应现有市场竞争、努力拓展新市场有大量需求，但没有初步可负担的投资方法，这一切都不可能。

另外一个重要问题就是使用不正确或不准确的投资方案。当你决定贯彻本书中的网络投资方法时，你的确需要一个精确有效的投资策略准备就绪。

投资策略

为了帮助你合理使用本书，我们也在本章附了被全世界成功的虚拟商业所使用的起步投资策略。

不论你的生意是大是小，接下来的步骤都将会保证你投资和生意的成功。

第一步：你必须定位你潜在的利基市场

什么是利基市场？利基市场是寻找并服务小但有利可图的市场部分的过程。总体来说，利基市场包括针对一个目标市场具体的设计产品或服务。利基市场是总体上一个未开发的资源，因此也是一个小而有利可图的市场。他们会在主流企业的广告竞争中落空。

在网上，利基市场有趣并且特别流行。网络为商业提供了相当公平的竞争环境，所以网上利基市场对虚拟生意提供了机会。你成功所需的，只是大量的关键词搜索和分析。好消息是，你只需要一个有天赋的人来完成这项工作。它不需要太多并且有很多的免费资源由你支配。

据说，大多数主流公司都会花费大量的资金来雇佣专业投资策略专家。对于高效的品牌形成和市场定位，你与你管理团队对潜在利基市场的合理定位是极为重要的。一些人往往处于这很容易完成的错误概念之下。其实并不是的。而且你一定不能这样采取措施。或许最困难也是最关键的任务，就是如果你错误定位了你的利基市场、你的客户和他们的需求，那么你将在前进的道路上遇到很多的问题。

什么是利基市场？
对于不论线上还是线下市场，短时间内争取客户的注意力都是重要的。你需要用你的专业知识与技能来说服客户。他们需要能够快速理解你的商业领域以及你的优势所在。客户以关键词的形式思考。不论他们在线上或是线下搜索产品或是服务，他们都用关键词定义他们想要和需要的东西。

你的目标就是在市场竞争中抓住客户的关键词。如果你无法定义客户关键词并且将其合理使用，你的客户很可能根本不会涉足你的业务，这在你把业务定位于主要服务的时候更为关键。

在网络世界，快速抓住潜在客户的注意力也更为重要。如果你没有在短时间跨度之内抓住他们的注意力，他们很可能只用几秒钟就点击关闭了你的业务。

好消息是网络的确提供了提高投资努力的从免费到低花费资源，特别是网络投资。例如，www.wordtracker.com 使我们能够评估所选关键词的效率。这只是众多免费资源的一种，它们定位于识别网络市场中潜在的关键词覆盖。

关键词效率指数（KEI）评判所选关键词的另外一种资源。关键词效率指数反应了关键词的需求与供应，它会使你了解客户是如何搜索的。作为一项总体性原则，小于 10 的 KEI（根据 www.wordtracker.com）是不好的因此你要想办法避开他们。它很可能反映了众多经营者瞄准的只是商品和服务市场中相对较小的一部分要求。

很多公司面临的另外一个问题：有很多人倾向使用行业术语作为关键词。行业术语就是只使用于相关的行业，而不被业外人士或你的目标客户所使用和理解的词语。

能够识别市场潜力的网站是：
www.inventory.overture.com
www.goodkeywords.com
www.pixelfast.com/overture/
www.google.com
www.ebay.com
www.Big-Boards.com
www.Del.icio.us/
www.icerocket.com

网络投资也提供了相对便宜并且有效的投资通道。它提供了当地和全球两种投资平台。同时，网络结构与每天网络的使用主导了在搜索结果中位居首页的重要性，不仅是小型搜索引擎或者业内专用引擎。最重要的就是成为最受欢迎搜索引擎的首要搜索结果，包括 Google, Yahoo, 和 MSN。很多美国公司都在竞争网络搜索引擎的置顶位置。他们的目标是通过增长他们的排名使他们的品牌兴旺。有些人甚至认为类似于 Google 一类的搜索引擎已经成了网络的政府。如果你的网站出现在 Google 的首页，人们就会认为这样的公司拥有整个互联网并且拥有更好的品牌。

基本的要点是定位一个高需求但低满足的利基市场。之后，公司就可以通过在这个商机中"创造"一个专注于这种类别或定位的领导位置。这种声明可以在企业标语中被强调（保证这种声明是合乎情理或法律有效的），规划线下和线上销售投资策略来加强针对已确定商机或是关键词的市场领导地位。

第二步：你必须测试这个市场定位
一旦你的市场定位确定了，使用一个调查网站来测试其赢利性。使用 www.adwords.google.com 或是 www.payperclickanalyst.com 这样网站的工具可以帮你评估已识别的潜在市场商机是否可行；你是否能够从中获利。

你同样可以获得可以通过使用像 AdWords 这样的网站获知当地以及全球的广告价钱等重要信息。你甚至可以使用多种不同策略，找出那种最有效。你需要拥有正确的竞争策略来吸引你的潜在客户，以此合理的打开市场。在网上，正确的竞争全都和关键词有关，所以尽你可能多多尝试不同关键词，这样你才能找出其中最有效的。

<u>第三步：你必须针对你的市场定位正确的产品和服务</u>
你需要评估客户所需来向他们提供合理的产品或服务，这些产品或服务将会使他们把你作为基本来源。如果他们打算向你投入资金，那么你就要向他们提供一些满足他们基本需要的东西。当然，你应该考虑你的客户计划投入的价钱，和他们预期的质量。

<u>第四步：你必须写一封好的销售信</u>
在你成功的识别了被潜在市场商机所使用的关键词之后，另一个重要步骤就是一封好的销售信的创意，以此来传达你的产品或是服务的最重要最有吸引力的细节。这个主意是用来吸引有良好销售记录以及表现出敏锐意识的客户，他们清楚的知道他们想从你的公司得到什么。写出一封正确的销售信可能会花很大代价，但如果它足够好，你的销售信会成为你全天候的销售员。如果有必要，请教专家来获得帮助。

<u>第五步：你必须建立起有吸引力的网站</u>
为了使你的在线业务成功，你肯定会需要为它建立一个网站。你的网站应该满足这些要求：简单建立，免费维护，低投入，可信赖，交通体系建立者，和一个客户中转站。仅仅拥有正确的产品和服务时不够的。拥有你的市场商机也是不够的。在网络上，你的确需要一个可以聚焦在你业务上的网站；这将使你的潜在客户能够向你购买产品并在将来回头购买。因为本书主要集中在发展获胜网站的内容，因此这里给出一些附加的建议，你应当在建立网站的前后牢记他们。

首先，你的网站必须为速度建立。每个人都很忙碌。不论是网络中还是现实中的人都是如此。没人有时间挂在网上和等待那些如同上网时那些永远都正在装载的网页这样令人沮丧的事情。你拥有 10 到 30 秒的时间去抓住那些潜在客户的注意。为了减少网页打开的时间，保持你的图片不要太大。可能的话尽量压缩。只在必须的前提下使用例如 JavaScript, Flash, Streaming Audio/Vedi, 动画等技术来展示。最少，在主页上尽量精简。

其次，你必须保证你的网站确实是针对来访者的。这点有时会被忽略，所以往往说比做容易。你需要用你的网站来展示图片。应该在网站上反映你的来访者。如果你投资是想要外表整洁的专家，你必须保证你的网站看上去同样整洁专业。如果你是针对年轻时髦的访问者，你可以使其更有动感、更随意、更轻松。同样要记住 20 多岁的年轻人和超过 35 岁的人之间有一条分界线。现在 20 多岁及以下的人在他们成长过程中经常使用网络，他们了解网络。中年人，即使只是还不到 40 岁的人，并不能保证他们对于网络熟悉和感到舒适，所以你要清楚这一点。这也是另外一个你需要限制你的网站拥有过多过于动感内容的原因，特别如果你针对的很可能是对网络不熟悉的客户。

你一定要保证你的网站内容都集中于一个基本目的：销售你的产品或服务。避免内容混淆。一个包含很多无关内容的网站不太会吸引客户。至少，这样的网站不会迅速吸引他们，所以你可能丢失一部分客户。如果你的业务提供多种商品，为每个产品建立一个网页，不要试图通过主页销售所有的产品。

当你决定网页内容的时候，你也需要记住就算是设计最专业的网站也不会在潜在客户不相信的前提下销售任何产品。清晰的隐私声明是建立起你信用并获得最大影响的一条途径，你应当在每一页和每次你要求用户注册私人信息的时候提供明显的链接到你的隐私声明。记住在网站上提供合法的联系信息。

另外一件需要记住的事情：网站导航要简单，因为顺利的导航会从根本上增加来访者的便利性。另外一个增加网站导航的方法是加入好的搜索和分类，因为很少有人会有耐心浏览全站来寻找他想找的内容。

保证你网站的内容，外表，感觉和设计都是有序而连贯的。研究显示访问者并不喜欢他们从一个网页到另一个网页的感觉，所以尽量使你的色彩和主题一致。

使你的网站有互动性，并保证其和你的业务关联。如果可能加入反馈表格和邮件，因为这些可以使得你的潜在客户询问他们可能会有的问题。更大一些的公司和网上商务已经意识到与客户私人互动的重要性；在可能的地方一对一。你应当尽全力听取并回复你的客户，所以你要让他们获得与你联系的途径。

如果你的网站允许来访者评论并且它看上去很私人且能反映你的业务，那么你距离赢得客户信任更近了一步。这将会提升你的销售。你应当时时保证你的网站展示的是你公司最积极的形象。

最后但绝对不是最次要的，你需要保证你的网站有引人的内容。好的内容会把你的业务卖给客户。就像网站上每个元素都反映了你所希望展现的业务和公司形象，所以你的内容必须传达具体的信息——关于你公司的正确信息。

让其他人来查看、修改、向你的版本提意见，这样才能保证其传达出正确的信息。在发布网站的时候，你需要做同样的事情，因为这样能够为你避免潜在的问题，帮你确定网站没有问题。

本书将帮助你学习多种增加好内容的方法和建议，并帮你创建和维护强有力的网站。

第六步：你必须管理网站交通
本书将向你展示如何管理你的网站交通，这是一个重要步骤，因为即使是最好的网站也不能在你没有客户的前提下保证销售。而除非你有大量的特点来吸引来访者注意，否则你不会拥有任何客户。

第七步：你必须对投资进程进行监控和微调，以此保证最大效率和作用
以上步骤完成后，经常性的回访以监控和微调这些项目和策略就非常重要，因为商业环境是动态的。好的网站经营商通常拥有面板设施，它能使网站所有者分析有关来访者数量的统计数据，哪个页面最受欢迎，来访者频率等。这样的统计分析对于监控和进一步微调网站都是很有用的，能帮助提高销售转化。

知道你方针的原则：消费动机

消费者和总体意义上的人们从来都没理解或是欣赏自己的动机。人们从来不想，这就是为什么这部分从来不会激发我们的想法被称为潜意识。但是，虽然消费者不考虑他们自己的动机，他们却会被其指使作出具体的行动。

动机不止对消费行为起作用，其会在所有情况下对所有行为起作用。然而，由于消费者并不会主动思考他们行为的动机，但要引起他们却很困难。知道了这个，传统市场调研就不在研究消费心理之列了。你需要想出些新的东西来。

此外，研究人员从未研究日常生活中感情的作用，因为感情很难用科学方法研究。由于很多研究人员无法直接研究感情，他们常常质疑整个潜意识的说法和任何试图把任何行为描述为潜意识的做法。因为受到质疑，很多关于潜意识想法和动机的研究就被转入地下。动机成为神秘的事情，尽管广告商、销售员和市场企业家需要了解与他们产品和服务相关的动机，以此来决定他们如何投资操作。感情是投资的第三维度。

我们在潜意识方面把其分为五个动机组：
1、 目标动机（人，地点，时间和环境）
2、 生存动机（精神，生理，性和领地）
3、 适应动机
4、 期望动机
5、 娱乐动机

1、 目标动机
每个人在现实面前都需要保持方向，需要在体内拥有指导他们方向的方法，就像鸟儿体内的方向装置，使他们在迁徙途中保持路线。

目标动机又分为四个方面：
对人的目标
对地点的目标
对时间的目标
对环境的目标

2、 生存动机
生存动机是所有动机中最强有力的一个。像目标动机一样，他们不被人注意，除非受到强大外力的威胁。以下是生存动机包含的四个方面，按照重要性由强到弱排列：
精神生存（心理方面的）
身体生存
领域生存
性生存

3、 适应动机
我们都有适应环境、文化、群体、信仰和周围等的强烈动机。如果吸烟是流行趋势，那么人们就会吸烟，而不顾其对身体生存和其健康有多大影响。这种动机可能比身体生存动机更为强大，因为如果从身体生存的角度出发人们便不会做不明智的事情去适应。吸烟就是一个很明显的例子。另外一个例子是毒品的使用，类似于可卡因，他们会带来严重的健康问题。适应性是所有动机中最明显的一个。甚至在用超声波检查婴儿的时候也能看到他们把手向脸部移动以此来适应环境。胎儿在开始的六到七个月中会持续这样的动作。在青春期和成年期，适应则表现为模仿。

4、 期望动机
期望动机与人们的希望、信任以及看未来的方式有关。我们都有天生的对于未来的信仰，相信未来会自己变得更好。这不是错误的乐观主义或理想主义，仅仅是相信会一天天约继续。其实只是一种人们看待未来的方式而已。

5、 娱乐动机
是的，我们都有想要娱乐的动机。

当我们在说成功的商业竞争的时候，你应当时常看看这些动机。

动机和投资

动机，如同精神和身体等的生存一样，是很抽象的。消费者不会对抽象概念作出回应。大量研究显示，图片效果好于具体的文字，而具体文字效果好于抽象的文字。

Coty 和 Calvin Klein 曾经试图通过讨论女性的精神需求，把动机植入他们的广告。这被认为是一种独特的方式，但是，对大多数人来说"精神"这个词是个抽象概念；如果说它有什么意义的话，那更应该是宗教而并非心理，就像这个例子中的广告一样。在广告中，展现在大脑中的是一个心理结构。高效的广告需要通过一种不抽象的方式来强调这一点。

Coty 和 Calvin Klein 的广告起作用了吗？或许有。但或许如果他们强调了精神生存而不仅仅是一个抽象的动机，效果会更好。换句话说，美丽的夕阳是每个人都能看见都能欣赏的东西；尝试描述这种美丽，画面就会被描述的细节所曲解。

例如，在谈论食物的时候，很多食品企业都认为颜色接近实物本身的照片是一种有效的宣传策略。所以食物本身的照片就比谈论身体生存有效地多。身体生存，虽然易于理解，但很抽象，任何人都会联想到一张有汉堡或奶酪汉堡配有薯条的照片。

看看广告商在利用性生存作为动机时发生了什么。一个例子就是 Calvin Klein 牛仔系列的 Brooke Shield。其结果：很多人感到反感；再次回到 1995 年，很多人对 CK 公司的新广告感到反感，同时 CK 公司也被要求撤下广告，并陷入了联邦调查之中。其中的教训：性生存可能是极易引起争议的，因此精神生存受到了攻击和侵犯。

当说起在广告中使用精神动机的时候，很多人知道这意味着什么该更新。关于动机有出色的观点，而且鲜有人对此不能理解。动机从来都不能被直接强调，相应的，在需要强调的地方注意动机的元素。

动机性广告应该被分层

如果需要一个消费者愿意购买你的产品的逻辑原因，一般两个层次的感情就足够了。如果超过两个，消费者就会感到困惑和失去方向，这将会迅速导致交易结束。避免零乱。

个性化潜意识的直接渗透

引导人们向着动机性的广告是一种人们会个性化的广告。个性化会使人记忆。人们会想起他们能够个性化的东西。

渗透着潜意识的广告更容易让人忍受，即使消费者不喜欢。个性化必须是和产品相关的，动机性，并且感情化的。当有了这三条评判标准，回访就可以保证。

积极的和消极的建议

潜意识想法中没有逻辑；它不定向的接受建议。想想 Whipple 先生告诉消费者："请不要挤压 Charmin！"告诉购物者不要选取 Charmin 的方法被证实是使得他们选择相反做法的正确途径。

谬误

谬误是记忆法。通过定义可以增加回访，尽管其并不如个性化具有动机性，但他们便于记忆。谬误拥有易于记忆的优势，但他们不一定是有动机性或个人的。

设计成功的竞争方案

想要知道成功广告竞争是由什么构成的，看看过去的一些大公司的成功方案就知道了。比如 Avis，他们的二号竞争方案。这次竞争的定位是完美的：Avis 说，"我们是二号"。他这样说，就是把自己放在一个与租车市场老大竞争的位置。Avis 更进一步的说，"并且我们更努力"；一个针对环境定位的动机性陈述。"我们是二号而且我们更努力。"前半句是定位陈述，而后半句，是动机性陈述。

史上最值得纪念的广告是 1982-83 年的可乐广告，它使用了当时在匹兹堡钢铁大亨队效力的美式足球明星 Joe Greene 作为发言人。其之所以难忘是因为它具有很强的动机性。电视广告中，Joe Greene 从一场比赛中筋疲力尽的走向更衣室，中途停下来与一个给了他一瓶可乐的小男孩交谈。这个男孩最多不超过八岁，所以这个广告抓住了美国人的心。它强大而具说服力；像这样的广告总是以精神生存层面为目的。这里涉及的元素被证实是可被接受的。Joe Greene 对孩子就像神一般，并且他还是一个体育迷。在广告中，他向一个给他可乐的八岁男孩弯下腰去。这位明星拿起了可乐，所有看这个广告的美国人都明白了那个男孩的感受：被美国主要运动员完全接受的力量；动机中的精神生存。

我们可以把麦当劳作为另一个例子。早些时候，他们定位于身体生存层面。"给所有在一片芝麻面包上的牛肉饼、特制酱料、生菜、奶酪、洋葱！"这句标语变得流行起来因为它与食物有关，而食物正是身体生存的主要元素之一。

当麦当劳把其广告提升到下一个动机层面的时候，广告语变成了"今天你值得拥有一个休息时光"。从中麦当劳转向了家庭观念和精神生存，这也就把它提升到了动机层次。

Wendy's, Burger King, 和其他一些品牌都与食物有关，食物就是他们产品的主要元素，处于身体生存层面。或许不是最强有力的广告，但至少是安全的。就像 Wendy's 的 Dave Thomas 说的："当你要拥有的时候，你就会拥有。"食物是元素，也是身体生存动机。然而，Wendy's 用创始人 Dave Thomas 做广告，很多人都知道他甚至没有高中毕业证！这加入了另外一个主要动机：期望。

现在我们已经看过了生意获胜的投资策略，接下来应该看看你最需要的获胜策略的生意是什么类型……那就是，努力收支平衡的生意……也就是需要转型的生意。

第二章：生意转型

"世界会为知道方向的人让路。"——Swami Vivekananda

介绍

生病的企业需要一个新的角度，新的途径。它同样需要稳定，重新获得对目前局势的控制；停止资金和常见生病企业所导致的资源流失。

毫不惊讶的是，也许对于有商业才干的人来说，网络是一个极其好的资源。是的，一个全球市场。如果你有一个网站，如果你对于网站如何帮你获利毫无头绪，那么你就要开始做些笔记并且重新思考你的商业路线，特别是如果你的公司目前处于困境的话。网络投资策略一定给那些颠簸中的公司带来收益。拥有客户和网络，那么现在就能开始。

今天的网络

"如此让人惊讶的清晰，你肯定可以时不时的看到你的将来。"网络上千百万之一的文章及其改变世界的方式，也是这样开始的。把网络成为未来的窗口已经成为陈词滥调；一种对人们未来交流互动方式的预测？会不会有一天所有事情都在网络发生？可以肯定的是网络确实改变着世界存在的方式，并且已经开始参与全球市场经济……

举个例子来说，印度是一个拥有十几亿人口的国家，Wipro 有限公司的人员正工作于一个远程项目，这个项目的基地，在十一个半时区以外的田纳西州 Nashville。CNA Life 召集了 Wipro 的专家来帮他们重组商业计划、提高他们的业绩。Wipro 的员工拿出了策略，然后设计建立了这个系统。这是高端的东西，一个"任务决定"应用程序。

让人惊讶的是，十年前，Wipro 正在销售食用油和个人电脑，主要针对印度市场，艰难的赚取少有的利润，而且明显的不会被国际市场发现。现在，它拥有令人震惊的一年 9030 万美元并且在国际市场运作，它现在绝大多数的业务都来自于信息技术服务。

1997 年以来，Wipro 的收入以平均每年 26% 的速度增长。利润总增长幅度达到 69%，其 15000 名技术员写程序，整合办公备份计划，设计半导体，排除程序故障，接受命令，并且帮助世界上一些大的公司将求助电话分类。

Wipro 和它在世界上的其他竞争对手一样好。或许更好，或许因为他们更便宜。Wipro 平均要比他们的对手便宜 40%，包括可比的美国公司。

三年前，Bangalore 被称为世界上最大的软件基地。现在，位于 Bangalore 的 Wipro 和其他几个竞争者正在崛起。Wipro 正在与 Accenture, EDS, IBM 和会计公司竞争。它也在获胜。

不论你把这些发展看做积极地还是消极的，那是你的世界观和整个事件的理解来决定的。在 Bangalore，Wipro 的成长对整个国家有着极为重要的意义。在美国，技术服务公司都在股市低迷和不确定利益增长的情况下挣扎，而一个坚强低廉的竞争者的崛起引起了普遍的关注。

Ganesh Narasimhaiya（其名片上称作 Ganesh N.）三十岁，喜欢板球、R&B 音乐、保龄球，和他的父母住在 Bangalore。他拥有电子交流的学士学位，他可以用多种语言编程：COBO,Java,UML 和其他一些相似的。

在过去的三年里，Ganesh 为 Wipro 公司在世界范围内从事高层项目。他帮助 GE 公司的医疗系统在东南亚建立了一套逻辑应用程序。他提供了一个加强和同步全英国客户电子商务程序的安全措施的方案。

"我想站在科技的尖端，"Ganesh 说。他聪明而有志向；专注并准备每天在一个客户站点工作 18 到 19 个小时。

Ganesh 是 Wipro 尖端的一部分。这个公司正在建立一个由高层策略家组成的强大团队，逐渐关注与具体的行业。有了 Ganesh 和他的同事这样坚持不懈的工作，Wipro 可以成为行业中的能手；近海采购的方法极大地减少了客户的花费。

美国信息经济使得这个国家多少有点自满；对于有竞争性优势的知识与创新习以为常。美国公司会征收溢价，因为这个国家有全世界接受最好训练的天才，能够给出顶级质量的信息解决方案。当 80 年代大量生产工作流向海外之后，公司寿命就相对的减短；美国仍在创新领域和所谓的"白领脑力劳动"上保持着世界第一。但如果脑力劳动可以在任何地方开展呢？如果在美国之外的国家以更低的价格完成呢？

如果技术公司可以在任何地方开展工作，那么 Wipro 公司的前景和重要性会被大大削弱。这个公司肯定理解了全球经济中最难的一课：兜售廉价服务不能使得公司长久生存和盈利。如果你做的事情任何人都能做，总会有人愿意低价进行的。

Wipro 同样也理解了与客户发展长期关系，而不是短期服务特定需要的重要性。在 90 年代雇佣了当时炙手可热的技术工人后，今天，在电子城，Wipro 拥有专门针对 Hewlett-Packard, GE 以及其他大国际公司需要的研发中心。Weyerhaeuser，一个木材公司，在 Bangalore，Chennai 和美国等地有研发中心；每个地点都有超过 200 名工程师。它和 Wipro 的合作关系开始于 1999 年，当时两名 Wipro 的员工在 Weyerhaeuser 的美国总部进行一项适度网上分析。Wipro 现在从其 Bangalore 总部研发、维护和支持大范围的 Weyerhaeuser 应用程序。

Wipro 首先保证的却是质量。在六年的时间里，公司在 SIX SIGMA 培训了超过七千名员工，完成了超过一千个项目。六年前，FAST 公司在 LOKHEED-MARTIN 描绘了一个能写出几乎完美程序的公司（他们写的是正确的东西，1997 年 1 月）。这个团队用声誉承诺：它是世界仅有的四个从软件工程大学获得 5 级认证的公司之一。Wipro 在三个不同领域拥有 5 级证书。那是引人注意的东西，也是一个了不起的成就。

Wipro 公司令人印象深刻的成就或许暗示了在世界的这些地区会发生的变化，而这些地区目前却被世界大多数其他地区的人忽视。然而事实是，网正在允许人们向前走，给他们的企业以转机，并让他们成为未来世界的开拓者。

像 Wipro 一样的公司是如何享受舞台中心的注意力的？首先，是网络。它很有效——至少，人们可以使用它。更多的是所有人都把它误认为一种资源。

关于生意转型和网络

网络可以为转型过程作出很大的贡献，这一点毋庸置疑；在网络投资于企业转型方面有成百上千的书籍，或许到现在还会有更多。

多数关于网络投资的书籍都不包括深度的企业转型方法。多数的企业转型书籍又源自于转机了全球 500 强企业的总裁。在获得转型的时候，这些作者大多都能够一下裁掉很多员工，利用养老基金，和利用银行基金，以此来筹集资金和偿还债务。大多数时候，全球 500 强的企业在转型过程中都有大量的股票优势和其他基金资源，他们可以利用这些来重建公司。

尽管进行转型并获得成功是一件令人印象深刻的事情，即使是利用了大量资源的优势，很少有中小型公司拥有显著的资源供其使用。大多数小型企业都花了很大的努力在获得信誉上，而大多数都没有可以出售的资产。提升公司的经济地位会十分困难；所需要的东西并非解雇人员这么简单，他们负担不起解雇员工的风险。

另外一些企业转型书籍专注于金融和会计方面的问题。不幸的是，很多这类的书籍也很难被小型企业主所使用。大多数内容只是在处理转型企业的管理者所遇到的一般问题。他们其中并没有解释如何做企业计划来筹集资金或是如何通过发展投资和销售计划来增加销售。他们同样避免了管理方面的问题和领导易犯的常见错误。

转机中小企业的开始和过程都会是独特，有时甚至是痛苦的挑战。你需要足够的精力、自信、适应力、以及积极的态度，来获得企业转机的胜利。你的员工，股东，和家庭都会期待着你的领导和稳定。

发现处于转型中的企业管理者，通常会有些胆怯并质疑自己是否具有修复他们公司的能力。他们通常觉得很不值得并且被失败生意的压力所孤立。不幸的是，他们这些感觉不能持续下去，否则会有更多失败。

转型一个企业有几个步骤：意识到你的公司需要转型，并且在你一边决定如何修复一边恢复你的控制力。在开始整个步骤之前，由于现今大都依赖于互联网和技术，所以在 1997 年小型企业管理（SBA）报告中获取一些关于企业破产和失败的信息是很有必要的。

根据 SBA，美国小型企业失败率从 1986 到 1996 年之间增长了 16.6%。1996 年的企业破产也增加了 5.3%，从 1995 年的 50516 家增加到 1996 年的 53214 家。

如果你的企业真的处于困境，这些数据可以告诉你：绝对不只有你一个。

当然，如果你的公司陷入麻烦，你很可能会发现你一夜之间就不在状态了。很多公司都发现他们的生意在几个月或是几年的时间内不稳定。

那么有了困难的公司一般会表现出什么症状呢？以下可以给出你一些这方面的信息。

在整体市场增长的前提下销售减少
现有客户由于不可控制的原因离开
客户抱怨他们的电话没有回应
多数客户计划都超出预算
支出增多利润减少
员工相互告知或告诉客户他们对公司前景不确定
员工告诉管理层他们觉得领导没有意义
员工开始迟到早退
每个月的员工会议停止
好的员工离开公司

员工开始不相信管理层

员工开始为一些细节争吵

每周的管理层会议被放在一边

管理层不再作为一个团队工作

公司无力支付税款

公司无法及时支付卖方

为了使你生病的企业转型，你需要贯彻十个关键词来获得你中小企业的成功转型。

你需要的步骤如下：

转型总体计划

1、 做一份商业计划，一份销售和投资计划，还有一份执行计划

你需要建立你公司的未来。你的商业计划应该包含你的总体目标，你的计划结构，你的长期及短期目标，你的投资和销售策略，以及你的贯彻方案。你的销售和投资计划应该将重点放在包括你商业计划的部分，并且应该针对这两个部分提供更多的细节。

2、 通过会见关键人员来团结团队，讨论计划

在你资助你的三个计划（商业，销售和投资，运营）之前，你需要和团队中关键人员的一个非正式但详细的讨论会。这个会议的目的是确认他们的投资和他们的商业意见；要达到什么目的以及如何达到这些目的。你也需要总体回顾这个计划，并且对团队成员所提的意见和建议做以纪录。

3、 衡量主要人员的建议并修订计划

在你对你的计划、想法的实施以及主要人员的建议有了全面了解之后，你应该修订计划。修订版计划应分发到每个主要管理者手中，让他们签署以及听取他们的意见。当计划完成并通过之后，你应当对董事会做一个正式的陈述。

4、 安排一次正式的公司会议来宣布你的行动计划

为每个员工准备一份计划，包括商业计划、投资与销售计划、执行计划。这次公司会议目的在于正式的意识到你的生意和员工中存在的问题，并通过讨论来修正他们。当你陈述你正式计划的时候，要做好回答提问的准备。实际上，你应该积极地鼓励与员工们的公开讨论，以此来获得建议和注意大家关心的事项。

5、 与客户见面

即使你只有一个非常小的客户群体，你也要保证每个人都知道你在计划将来的业务。对于现状要开明并且诚恳；计划要清晰简明。如果你的公司陷入困境已经有一段时间，那你要对谣言做好准备——至少，谣言的影响——它可能已在商业圈中传遍。有些关键客户可能会变得有点紧张，有些甚至可能已经在寻找新的卖方。你的目标就是在完全诚实的基础上使你的客户消除疑虑。

6、 与卖方见面

公司的卖方通常在听到他们的客户中有人在挣扎之后就会紧张；你或许会为消息传播如此之快感到惊讶。很有可能你的大多数卖家都会知道你有了困难。但是，你还应努力给他们一个关于目前情况的正式解释，更详尽的，关于你的转机计划。让每个人都平静下来。

7、 联系税收部门

如果你的生意存在缺少资金的问题，你很有可能无力支付当地的、国家的、州的以及联邦税收。如果真是这样的话，合理的做法是联系税收部门向他们解释当前的情况。你会发现这样做比你躲避着你缴税的义务来说容易被他们接受的多。

8、 联系你的银行

如果你有一笔或多笔银行贷款或者信用卡贷款，给银行工作人员打电话告诉他们你需要私下见面。当你们见面的时候，为了讨论这个问题，你必须对你的行动计划很清楚并且要对你即将的解决方案显得自信。

9、 减少损失

没人喜欢缩减资源，也没人喜欢解雇员工，但当你的企业处于困境的时候还是有必要的。你需要缩减开支。首先，为你所有的商业开支列出一份清单，看看你能从每周、每月、每年的账单里减掉那些开支。想想这个：你需要购买时间。同时你应该仅把你最需要的员工留在身边。你留下的人是那些能带来产出和服务销售的人。

10、 使用互联网来帮助你

重新看你公司目前对互联网作为一种资源的使用状况。读完这份指导，决定网络的那些资源对你的生意有好处。做一份执行计划，然后你就可以开始了。

通过使用网络作为基础资源的企业转型会很有挑战，但同样也令人兴奋。有很多工具可以为你所用来促进你的生意。基础工具就是网络但有很多次级工具可以帮你从你的站点上获取最大帮助，包括公司博客，在线视频，以及根据点击率来付款的网页广告。

在过去的大约十年中，互联网扩展成为了一个巨大的市场，能够涉及全世界的公司。一些世界上最大的企业也都利用互联网的优势来达到他们的目标，最大限度的利用这个廉价的电子广告，通常被称为电子商务。网络是传播信息的最快途径，并且它使你能够将信息传播到一个广大的无限制的群体。它同样通过允许公司向个人或是群体销售产品而改革了购物和投资。

利用 MYSPACE 和 FRIENDSTER 的个性化投资使得数以千计的互联网用户能够在线宣传和交朋友。很多这些用户都是年轻人。常见的年龄段是从 13 到 25 岁。由于有了社交网络——类似于 MYSPACE 和 friendster 这样的网站——个人和企业拥有了丰富的个人用户信息，这帮助他们决定了他们在网上会购买的东西。

一种无效的网络宣传方法是利用垃圾邮件。很多邮件系统提供商提供了针对垃圾邮件的保护。很多垃圾邮件都是自动发送给邮件资料库中的所有设置了预防垃圾邮件的用户。

广告插件是另外一种无效的宣传方式，因为大多数人都只是关闭弹出窗口，根本不会去看它的内容，或者他们设置了不弹出窗口，作为网络安全的一部分。

重建斗志

重建公司的斗志是你转型计划中主要元素之一，对象是从公司的最高层到最底层。如果你的公司正处在困境中，很有可能你的员工，从你的高层管理直到在前线工作的人，都会感到压力和现实的情况。如果他们在情绪上严重的影响了你的公司，那么他们很可能觉得他们也有部分责任。他们或许对自己失去了信心，而且从长期来看，他们把自己当做失败来看待。

商业转机：调整斗志

这就是公司经营不当时发生的结果。人们开始怀疑自己和身边的人。作为公司一员不再让他们感到自信；相对于早起晚归，他们开始找借口迟到早退。他们只想要在公司待够不减薪的最少时间。而且这种消极影响的传播绝不止这些。员工的亲戚朋友，或许他们本来有兴趣加入或者投资，现在都被劝告旁观。在周围人的眼里，这个公司就变成了下一个泰坦尼克，即将沉没，快速的沉没。

下面一些步骤应该会帮你找到士气不振的问题所在，但是记住，这应该是一个持续的过程。即使在你利用本书中的一些观点来更新你的公司，网络上呈现出活力，你也需要：

1、 举行公司全员会议，指出一些员工的成功。这将会显示出你的公司中还是存在一些成功的人。
2、 抽出一些时间来讨论管理层与员工如何一起解决公司的问题。承认过去管理层所犯的错误。人们加入小的公司因为他们觉得自己有些影响，他们所作所为会被赏识。确定你的员工确实感到他们有这种影响。作为一个转型的 CEO，建议你开展一个针对员工和客户的博客，说明对于公司未来常见的担心和焦虑。
3、 私下会见每个员工，了解他们关于公司重回正轨的方法的思考。特别是询问管理层如何帮助他们工作。
4、 发布新产品及所收到的客户的评价。这能使员工对他们的成就感到骄傲，并且避免有管理层一个个的告诉员工他们的优秀工作。
5、 熟悉员工的优势和劣势。用你的知识把他们推向成功。总是会有管理者交给员工的任务是超过他能力范围的。不要犯这样的错误，否则你的员工会觉得在失败中窒息。
6、 尽可能的在其客户面前多称赞员工的业绩。没有什么比老板在客户面前称赞员工能让他们感到更好的了。
7、 在公司内提升员工。没有什么比给现存员工升职更能显示他的才能了。这表示管理层信任公司中现存的人才。你的员工也会因此更有安全感，也会觉得比在别的公司更有发展的机会。这是一种需要培养的重要感觉。
8、 如果可能，解雇那些不能胜任自己工作的和那些不懂得合作的人。如果你的员工看到有人因为做不好工作而被解雇，你的权威就建立了。如果可能的话尽量避免这个，特别是当你打算重振士气的时候。
9、 当管理层执行并贯彻了一个建议并寻求反馈的时候，让员工们知道。这显示了管理层注重员工的意见。
10、 鼓励冒险，奖励创新。如果冒险的人犯了错误，提醒他们其他管理者的尝试也都失败了。告诉他们如果管理层对他们的评判没有信心，他们根本就不会允许冒险。

重振士气需要时间和耐心。人们不会一夜间失去信心。它是慢慢腐蚀的。

企业转机：获得贷款

成功的贷款申请具有三个重要部分；有了这三件事情，银行就会给你申请。这三件事情就是：形象、信用和担保。

形象意味着银行信任你。它包括没有犯罪记录，但同样要包括保证给你的银行经理你不会公司一出问题就消失。当你试图建立形象的时候，你必须向其说明你能够永久居留，拥有家庭关系和家庭。

你也要有一个清白的信用记录。在银行家相信好的形象和好的信用记录的同时，他们也需要例如设备、建筑、卡车一类实在的担保。存货、原料和商品是第二选择。有些东西在弥补资金前就已经损失了价值，但这些仍然是有价值的。

在你决定依赖于一家银行、一种贷款、或是类似的任何类别前，你应当看看商业贷款准则。这些准则比个人贷款要多变的多，并且从一个银行经理到下一个也会有变化，即使是在同一家银行。

有一些你需要考虑的总体信息如下：

新的业务通常有资金风险

固定资产行业如机械和建筑总是会受到资助

两年以上的盈利经验会增加你的贷款机会

投资越大你得到贷款的机会就越大

针对你的小型企业贷款，总是需要一个股东提供个人保证

补偿损失的贷款通常很难贷到

适当的扩大你的盈利企业会更容易贷到款

一个重要问题：当银行拒绝你的第一次贷款申请后还能再贷到款吗？答案通常是，是的。如果银行拒绝了你的贷款申请，你很有可能会有幸以个人身份贷款。银行经理一般对待个人贷款要比企业贷款仁慈的多。你或许可以个人身份从银行贷款，然后再把钱投入到你的生意中去。你应该对你的目的诚实——你贷款的目的——但如果你的企业贷款被拒绝，很有可能还可以个人名义贷到款，特别是如果你有担保的话。例如，家庭资本贷款可以用作投资你的业务。银行会觉得在这样的情况下给你贷款更为安全，因为他们的数据显示家庭资本贷款比新企业贷款能够更快的还款。汽车贷款是另外一个好的选择。

总体上，你应该尝试着去观察向银行申请贷款时的基本礼节。你一定要亲自去。但不要直接露面。提前打个预约电话，询问接待员是否能够与能处理你贷款申请的人见面。如果可能的话，从别人那里获得一些帮助也是很有用的。当然如果能从朋友或者你的律师或会计这样的建议专家获得应对银行经理的方法会更好。不管它结果怎样，当你知道了可以申请贷款的银行经理，就不要再在电话中透露更多信息，除非他们指明需要这些信息。记住基本的规则：电话里透露越多的信息，你越有可能不会被安排见面。

预约的目的就是在预约过程中听上去实事求是、自信，以及最重要的，不需要钱。这会使其看上去像是银行主动借钱给你的。

企业转机：总结

对于大多数情况而言，企业转机重要的是计划。它包括定位问题区域和积极区域；减少问题和强调企业的积极元素。

计划同样是网络投资成功的最基本因素，它将会在你使用网络作为主要资源来转机企业的过程中起到重大作用。

第三章：网络和企业转型

为什么你需要一个网站？

请自己回答这个问题。为什么你的公司需要一个网站？

你的答案或许就是其中之一：

1、 名片上有个网站看上去好一些
2、 .com 到处都是，有个网站会让我看上去处在时代尖端
3、 互联网是个很好的工具，我想利用它来为我创造价值

选择 1 或者 2 或者 1、2 一起并没有错，但选择 3 的人肯定知道网络能够对你的业务产生帮助并正在寻找其方法。

是的，拥有网站必须先对其有个清晰的了解。

一个网站可以用来：

1、 伸出去
你或许想要你的网站作为一种媒介伸向各个地理区域的客户，并且让你的业务在很远的地区也能出名。这将会帮你达到以前从未用任何媒介达到的地区。

2、 传播信息
你或许想让你的网站成为一个永久的广告牌，任何人都能看到和获取关于你的公司、产品和服务的信息。

3、 销售你的商品和服务
你或许希望你的网站能通过网络销售产品。你或许想要使用电子商务工具这样就可以从全世界的客户通过信用卡来接受付款。你可以把他们订购的产品寄给他们。

尽管网站可以达到很多不同目的，你必须定位网站的核心目的，比如，注入资金，支持你的传统投资，或者建立虚拟购物商店。有清晰的目的在脑中能使你集中于你的网站。一个定义清晰的目的同样会给你的网络投资增加力量，增加你成功的几率。

你理应拥有一个网站

那么，网站是有用的，但对你的业务拥有一个网站还有更重要的原因——在日新月异的时代，你理应拥有一个网站！

当网络逐渐渗入世界上每个社区的时候，你理应有一个网上路径，针对网络冲浪者，也针对那些寻找关于你的公司、产品和服务的主顾。

下面的一些网站的功能能帮你建立和进一步定义你的目的。

1、 **把自己放在客户能找到的位置**——你如果不能存在于搜索引擎的数据库或者搜索结果中，那你将处于极为不利的位置。关键词优势和变化的标签是你网站成功的关键。不要忽视这项技能，如果需要的话，可以向专业网站设计机构或是搜索引擎最优化机构寻求帮助。

2、 **销售更多**——为了创造更多客户你需要告诉别人你的存在。为了赚取更多利润你需要更多的客户，而网络正是这样一个用最少的花费来联系客户的工具——那么为什么不试试呢？

3、 **让你的买家更方便**——让潜在客户来访问你的网站而不是开车去一个地方的原因，就是网络更高效、更快捷、更简单。如果你的业务能够服务那些不在你公司附近的远程客户，那么你也就打开了你潜在客户的市场。

4、 **赢得竞争**——你的客户有很多选择。你的竞争对手做出了最大努力力来吸引他们的注意。即使这样，还可能会有一位客户对你的业务感兴趣，但如果你没有一条简单易用的途径，他们也很容易的去选择另外一家公司。

5、 **提高你的广告效率**——你已经在广告上花费了上百美元；在报纸上，杂志上，收音机里，电视上。你知道让你的客户看到你有多么重要但当然会想要减少支出。开始探索你的网络投资选择吧，提高你的知名度和销售，同时减少花费。

6、 **24 小时将你的业务放在自动驾驶仪上**——当客户想要与你联系的时候就能联系得到你，这点非常重要。网站就象另外一个建筑或是石碑。在网上可以随时有空，利用不同技术的优势来全天候为你的产品和服务宣传。这比传统广告手段有明显优势——报纸、杂志、传单等——因为你的广告周期是无止尽的。网站就意味着永远存在。

7、 **扩大影响，减少花费**——在传统商业策略中，扩大业务意味着在不同城市开办新的办公地点。这是传统生意保证更大客户基础的方法；受到地理限制。在不同城市开办新的办公地是一笔巨大的开支。不仅要在房地产投资，你还会招致人力、维修、和通信花费的巨大多度开支。有了网站你的业务就会不受地理范围的限制；世界上任何地点的潜在客户都能到达。你不需要多个办公地点来联系你的客户，并且如果你决定要集中化经营的话，你会发现效率大大提高而花费大大减少。

8、 **一个世界；一个地址**——有没有注意过如果你有五六个地址、三四个电话号码和好几个传真热线的时候，这些资料看上去有多么混乱？那么，网络商务只需要宣传一个地址：yourname@yourcompany.com！很有型吧！

9、 **它是具有光速的商业**——想象你是一个正在网上寻找信息的客户。你打开了一个网页。你可以通过电子邮件获取服务或产品价格。十分钟就在邮箱中收到报价怎么样？棒极了，不是吗？在现今世界速度已变得十分重要，拥有一个网站就能够以光速经营你的生意。

10 **不再需要咬耳朵！**——由于你网站上的信息是要被全世界访问，而这些信息又必须是一样的，你不能让你的信息有任何的谬误。当你写下来之后，每个人都会看到。

11 **对固定地点说再见**——网站就是你的地点。不会变的更好；既有廉价的租金又有有趣的事情。建立一个完美的网站远比装修一块办公空间要便宜得多！你的网站越好，你对客户的印象就越好，这样就能保证客户更加信赖你的产品和服务的质量。当你在网上操作的时候，他们不需要关注你的地点。

12 **帮助商业世界民主化**——每个人都可以拥有一个好的网站。在网络世界里，小型企业和大型企业地位平等。在网上，没有客户会关心你的办公室大小。

13 **易于更新**——拥有网站可使添加、修改、编辑和删除内容都变得容易——或者只是更新一下最新产品或服务信息，完全不产生费用，而且仅需要几分钟的功夫。

14 **促进双方交流**——你可以向客户要求反馈或是开展留言板，使你的客户可以借此来讨论使用产品的经历。

15 **向客户提供网上服务**——网站使得向客户快速高效提供服务。告诉客户新产品的特性、如何使用产品、以及如何解决常见问题。你同样可以为客户建立一个帮助中心，帮他们自己用产品解决小问题。对于复杂问题，如果你的公司成员足够多的话，你可以提供及时在线服务。这会帮你在网上建立信誉和名声。

针对全球客户销售产品，拥有一个出色的、功能强劲而有活力的网站是很重要的。

拥有网站会给你的基本网络业务打下基础。对于其他先进技术，网站是你能够在虚拟世界中作出杰出成绩的基本要求。

免费建立你的专业网站！
你需要花费大量资金来获得一个专业网页设计师的日子已经一去不复返了。现在有一些包含编好程序的样本软件你可以利用：www.moofruit.com 就是其中的一个。它提供了多种网站样本，包括可以为你所用的"商业"样本。也有很多网页装饰例如钟表、计数器、图片、照片库、留言板和其他很多，主要取决于你是要免费还是付费使用。对于付费用户，就会有卖家特性可以帮助你的电子商务，就像购物车和接收款安排等。你也可以在页面上加入视频或音乐。

简单的说，你可以在很短时间内拥有一个看上去很专业，整洁，给人印象深刻，并且功能齐备的网站。你看完 MOONFRUIT 就知道了。

还有很多像 www.moofruit.com 一样提供网页装饰的网站。快来发现并迅速在网上拥有你的面容！

好网站的质量
好的网站会带来网络交通——很多的交通！你的公司网站必须得到预期的交通并且说服他们按照你的目标采取行动。下面的几个因素将帮助你的网站得到更多关注。

选择 URL
URL 或者全球资源定位器应该与你的生意相符合并且如果可能，包含你的一到两个关键词。它应当包含与你的业务相关的关键词并且不能太难以拼写或记忆。你或许想检查下你想要的 URL 有没有被注册过。Godaddy.com 可以让你知道的名称配上域名（.com,.net,.biz 等）是否可用。为了以防你特别想要的名称已被注册，你可以访问 whois.com 去联系网站所有者并试图劝说他将其卖给你。但有可能会是一笔昂贵的交易。你可以尝试更多创新的想法并且试着将与你业务相关的词语添加进去。

URL 可以至少被注册一年。你需要在你付款到期后更新你的注册。

注册 URL 通常会有以下服务：
免费电子邮件账户
免费 URL 转送
免费域名锁定
等等

Tiny URL
缩短你的网站

大多数人都认为网站存在于网上。然而这个网，是一个电脑的网络。你的网站内容存储于一台电脑，网络用户可以从这台电脑上获取信息。使用的这些电脑是特殊的；他们叫做"服务器"。你需要付费来把你的内容存在服务器上。在 google.com 上的初级搜索就可以搜出不同的网站托管公司。然而，你也许想在关闭之前看下以下的因素：

1 钱：比较一下不同公司的服务。其中会有很大差距。

2 存储空间：保证网站托管公司提供给你的空间足够你使用。如果你的网站突然有很大的流量怎么办呢？能不能找网站托管公司来处理——你需要了解这些。

3 技术支持：你需要你的网站一直有效。你或许想要确认公司提供良好备份支持的记录。

4 安全：你的网站托管公司必须拥有足够的安全措施以防止你的网站被袭击。

5 其他特性：不同的网站托管公司会提供不同的免费或者促销服务。找出那家是最好的。

网页设计

创造力方面

就像谚语说的那样："第一印象是持久的印象"。你的网站首页必须好看并且与你所想要传达的信息相符。图画、字体、照片、文字排版都应该正确组织，并且都应是高质量的。同时它必须令人愉快、让人温暖、有启发性、值得信赖并且有良好信誉。很有挑战性吧——这使得选择正确的网站设计更为严峻。

网页设计同样要能够使网站内导航变得容易。

功能方面

速度 速度 速度！

典型的网络用户都不太有耐心。如果你的网站 5 到 6 秒钟还没有要打开的迹象，用户就有可能会不耐烦并且很可能不再等待。限制你的网页上动画图标和文字效果的使用。这些不只分散注意而且还会使你的网页加载变慢。

不论你的网页多么漂亮，如果它在 15 到 20 秒内没有打开，你的潜在用户就会离开。网页设计不能负重太多。使用图片必须明智否则就会降低你网页装载的速度。

内容

被吸引过来的访客可能会大失所望如果你的内容与你的设计不符。好的内容才是将潜在用户转化为实际用户的东西。当访客访问你的站点的时候，他们应该得到你公司的概况。你现在应该能够利用"实事求是"的优势并把它作为一个机会、信任、技能和信用。

你的网站内容必须是针对你的目标用户的。内容必须满足你目标用户的需求。更多的是，它必须根据你的目的足够令人信服并采取行动（注入资金、通知或者销售）。

字体与颜色选择

你的网站内容必须是可读的。字体与颜色必须是适当的。颜色组合不能使网站的内容难以辨认。最安全的做法就是在白色的背景上用黑色的字体。这样眼睛会比较舒服。

页面大小

页面不能太长，但你或许想让每页都短一些，这样就可以多出几页。要留意如果来访者有一页接着一页的内容要读，他们可能会不耐烦。很可能半路就没了兴趣。

保持内容更新

你必须保证你的网页有着新鲜的内容。经常性的回顾你的内容，保持其趣味性。你或许可以有一个事件专区专门来发布更新。你可以有留言板或者博客，这样用户就能发布新消息。这会使得内容保持有趣并促进互动。没有什么比看到一个网站的最新消息是六个月前发布的更让人不满意了！

导航

便利性是用户寻求的东西。如果你的站点更容易浏览那你就能获胜。

不好的网站导航包括死的超链接，到无链接页面的链接，隐藏链接以及相似的。在网站内部设置链接是个好主意，这样来访者无论在那个页面总能回到主页。

你的网站和互联网

如果你只有网页而没有访问量那就没有意义了。一旦你建立了网站，你必须通过努力来增加其流量。即使你的网站是最专业的设计，并且你在销售很好的服务或产品，如果你不推销你的网站新客户可能还是找不到；除非你积极地努力得到高访问量和特别访客。坐着等待，显然不会有任何事情发生。

为了增加访问量，你必须获取几个关键目标。

在主要搜索引擎中排名靠前，建立于能够为你提供链接的相关网站的链接，并且认识你公司的专业领域和你的基础目标。三个目标听上去很直接，但那是在你考虑了在网上竞争的个人与企业数量之前决定的。

要得到 Google, Yahoo, MSN, Ask 等等主要搜索引擎的靠前位置非常困难。注册你的网站几乎得不到任何位置；主要公司每天都利用大量预算来使他们的网页保持靠前的位置。你的网站关键词应该在有多样的元标签，网页标题，和当人们寻找你的同类产品或服务是能够被搜索引擎识别的信息。你也应当尝试去跳出常用规则来考虑为你的网站吸引注意力。

对于最好的搜索引擎结果，你的每个网页都应集中于一个兴趣话题。你最好只用少数的关键词，一次一到两个，在每一页集中于一到两个关键词和短语。如果你在同一行使用太多关键词，你的搜索排名就会降低。

链接是一个很好而廉价的推广你网站的方式。基本想法就是你在你的站点上放上他们网站的链接，然后他们在他们的站点也放上你的网站链接。这会帮助你增加网页访问量但成功的关键是选择性链接。你需要选择与你产品或服务相关的站点来链接。相关是关键，并且会带给你好的收益。你的链接不一定要是大型的广告。链接本身才是最关键的。

另外一件需要考虑的事情：内容。像 Ezine.com 这样的文章写作站点越来越流行。如果你是企业家，你至少会是一个方面的专家所以你应当写一些短的、以关键词为中心的文章，来为你和你的公司吸引注意力。在网络上、论坛和网上俱乐部发表这些文章会给你和你的公司赢来名声。在作者信息部分你可以添加一个到你公司网站的链接。理想状况下，你的文章应当包括能够带读者到你的网站不同页面的文章链接。如果放置合理，这些能有效增加访问量。

每个人都在一些场合听说过 SEO（搜索引擎最优化），但搜索引擎最优化是一个困难的写作形式，它需要很多的前期调研。你写的每篇文章，不论是放在你网站上为客户提供附加价值还是为了链接发布在其他网页上，都应当用合理的关键词进行优化，这些关键词就是用来增加网页流量的。

为了决定哪些关键词对你最适用，花点时间来调查哪些词语和短语在与你的产品服务相关的搜索中应用最广的。如果可以的话，选择一些并为每个短语写不同的文章。

当然，发展自己的网络商务可能会非常花时间并且你或许会需要现在或者不定时间请来专家帮助。幸运的是，有很多出色的公司擅长于以上列举的各项技术。如果你自己没有时间，找到一个具有资质的小组也并不困难，他们准备好了研究，建立链接，甚至会提供专业作家来为你的网站写文章。

不论你决定使用不使用专家，仍然有很多你可以做来优化你的网站，获得更多生意，并且最终的，如果你的企业在挣扎，使你的企业转机。

现在我们看过了网络和生意转机，到了我们进入另一个网络投资环境的时间，让我们学习怎样最大利用它的天性。

第四章：互联网投资环境

想象一位访客到你的页面，浏览你的产品和服务描述，看你的价格；决定要购买。这个用户接下来要获得你的联系号码和电子邮件来与你联系并下订单。或许你的电话一直都在占线而询问邮件直接进入你的垃圾邮件。你一个星期之后发现了这封邮件但你的客户不是走掉就是觉得你的客户服务太差。计算一下一位客户的一生价值，然后你就会明白什么是危险的了。

如果你的客户可以直接从网站上购买呢？

你的网站可以用来向世界各地的人销售产品。电子商务让它成为可能。接着读你就会知道怎么做。

网络投资环境的元素

电子商务
电子商务都是和通过网络的卖出和购入有关的。

电子商务如何工作？
在网站上看到产品并决定购买的消费者可以通过信用卡购买产品。钱将会到你（卖家）手中而你反过来将他购买的商品或服务送到他的手中。

网络支付通过使用安全加密的方法成为现实，这种加密方法收集用户个人与信用卡信息。你可以通过它安全支付而不用担心你的信用卡号会被别人知道。

它和在超市购物很像。你选择你想购买的东西并把它们放在购物车中。当你购物完成的时候，你去收银台为你所买的商品和物流付费。这个信息就被处理了，包括给你的信用卡公司或是银行发送信息。这笔交易很快就能被接受或者被拒绝，这是根据你的细节确认，卡里的资金和你的信用记录决定的。这次授权是一次交易活动，信息通过一个"支付出入口"传播。下一步就是把商品送到你手中。因此作为卖家，这意味着对客户是一笔附加的花费和附加特性。

一个没有安全保障的网站不仅是对客户的冒险，它也会让你失去客户。他们在不确定安全性的前提下，是不会给你他们的个人与信用卡信息的。

如何使网站能够处理电子商务
如果你使用了像 www.moonfruit.com 上提供的模板，你可以选择向你提供电子商务工具的 Sitemaker Standard Package。年订阅费在 100 美元以下（对整套网络服务包括网络托管，以及设计工具）。

如果你使用的是由网页设计师设计的 HTML 网站，你需要再次联系你的设计师了。

你需要：
SSL 认证
SSL 加密协定认证用来保护你和你的客户间的对话细节。

你可以在 www.verisign.com 和 www.godaddyssl.com 上找到。价格一般为 100 美元每年起。

你也可以在 www.paypal.com 上作为一种免费选择使用 SSL 或者购物车。

购物车

购物车是一个程序，记住客户选择的所有商品，并编出一个相似的带价格的清单，供用户在结账时选择。就和在商场中购物是使用的购物车相似。PAYPAL 对购买超过 500 美金的购物车提供免费选择。

消费者和网络环境

当消费者访问零售网站时，他们希望描述产品或服务的信息都是准确并无偏见的。当他们在网上预订并支付的时候，他们想知道他们的经济记录受到保护，商品会按时送到，并且他们可以退换如果商品损坏或是不满足他们的要求。大多数时候，消费者都不知道他们是在什么等级操作。

消费者的大多数网上购物的选择都只是由信赖程度决定的。但很多网站都并没有提供足够让消费者信任的理由！更糟的是，很多网站看上去完全不可信；例如，有些网上零售商是刚开始经验的没有反馈记录的人。有些甚至有不可靠的经济立足点并且挣扎着做到他的服务和送货保证。

有些网络公司秘密收集每个客户和他们网站活动的数据。他们将这些信息卖给第三方投资公司。就算是像 **AOL** 这样有名望的公司也曾经历过违反安全协议的尴尬；像 eBay 一样的拍卖网站都因为不能管制其卖家和他们朋友发布客户信息而受到详细调查。

以信任为基础的网站向客户提供准确、及时、完整而客观的信息，不仅是针对他们自己的产品，同样也针对所有的竞争产品。他们顺利简洁的导航使得搜索、购物和比较成为一种乐趣。

在这之上，他们坚持履行承诺和保证满意，从而建立起信任。比起那些没有建立信任的网站而言，以信任为基础的网站吸引更多客户来访，享受更高的回头率。受信任网站促进客户忠诚度并由此增加他们终生价值。如果一个公司能掌握获得信任的策略，它就会和客户建立起积极良好的关系，同时也会增加其市场份额和利润。

顶尖网站都开始迈出建立信任的步伐。例如虚拟顾问软件，就好象一个私人购物助理，在公司最大限度利用网络的计划里可以作为一个强大而有效的工具。然而，在我们考虑虚拟顾问的信任建立计划前，我们要复习一下网上取得信任的方法。

信任是在三步累积过程中逐渐建立的，它可以在互联网和特定网页上、所列出信息、以及满足和服务等方面建立信任。信息信任只有在建立了网站信任的基础上才能被建立起来，而对满意度的信任也需要信任网站和其所提供的信息为前提。除非三点全部执行，否则网站信任也难以建立。

建立网站信任的关键因素是：
最大化可以建立网站信任的提示。
使用虚拟咨询师技术来获得客户信任和信心。
提供客观完整的信息。
包含竞争产品。
保证你的承诺。

当然，信任不是网站成功的唯一原因。它可以产生转机，是的，但对于成功网站最重要的因素之一是正确市场定位的能力。我们知道了一些关于互联网环境和网络消费者的信息，在第五章中，我们将来看看你如何识别和正确定位来创造针对你的业务最好的策略。

第五章：确定你的市场定位和贯彻策略

在任何行业，如果你能对你的业务进行正确的市场位置确定，你的公司都有竞争性优势。

有必要从传统的投资方式（"砖石"结构体系例如陈列室）转向新型更相关更有效的中小型企业投资方案，这样才能更好的应对存在的市场竞争，同时也获得新的市场定位。本书同样强调了针对中小企业的可用市场资源，以便贯彻其投资和销售计划。

在同中国诚通控股集团主席田源博士的访谈中，"亚洲商务"杂志询问了他在中国通过网络进行商务活动的前景？他的回答如下：我们认为真正在中国，网络商务成功的公司将是那些能够把网络操作与传统商务（旧经济）结合的那些公司。那些只集中于网络上而没有产品或者其他旧经济元素的企业将会很难生存。

在转型过程，公司业绩提升是目标，同样也有公司的健康度需要提升，网络投资与广告的潜力是个诱人的选择。但世界上处于商务前线的人就会同意田源博士的说法，网络不会改变商业运作的方式。

技术永远都不会改变公司需要了解和信任他们做生意的伙伴，确认产品或服务的质量，以及协商最佳执行方案这个事实。然而，互联网确实改变了一件事情，那就是客户与公司的关系。现在两者之间有了不通过交易商、代理、零售部门以及批发商的直线可能。戴尔电脑就是一个好的例子。网络会给我的公司什么价值？它会给我的客户带来什么价值？我的公司会有什么收益？这些问题都需要在你利用网络改善公司操作之前清楚的回答。

计划将网络用作一个国际工具的公司必须了解，当有人超越了一个界限就会有相应的法律和限制，而且当人们跨过国界或是通过网络跨越的时候更是如此。

就像电报电话时代一样，总需要防范一些大耳朵——而安全保障就是一项不能节省的投资，不管你的系统是在一个独立局域网内还是世界性的。在一些国家，一些词汇，商品，服务会引起政府的注意并且有时会被封锁。这对生意绝对没有好处。所有这些都要花钱去防止。当公司正在寻找扩展销售的时候，恐怕最不愿看见的就是在一个国家一开始就是网络侵犯。这两种都是越界行为：限制网络的软件和试图突破封锁的软件。想管理该方面交流的国际努力至今也没有成功过。

对于一个使用网络销售产品、期待转机的公司，它必须首先建立不与垃圾邮件过滤器和点击诈骗探测器相抵触的信息。大多数商业和数以百万计的潜在客户现在都严格限制了垃圾邮件过滤器中预设名单中的信息。此外，一个信息超过两次到三次点击，那么你就出局。

未来可能属于那些事先欢迎互联网信息的人。

第六章：网络投资策略

首先，你的网络策略应包括在你的转型计划中。商业计划的提纲应是什么样的？看下去：

这是一个完整商业计划的提纲：

总结

商业概念

现在情况

关键成功要素

经济情况/需求

目光

目光陈述

里程碑

市场分析

全局市场

市场变化

市场片段

目标市场和客户

客户个性

客户需求

客户消费决定

竞争性分析

行业概览

竞争本性

行业变化

初级竞争对手

竞争服务/产品

机遇

威胁和冒险

策略

关键竞争能力

关键竞争弱点

策略

贯彻策略

产品/服务

产品/服务描述

产品/服务定位

产品/服务竞争评鉴

未来产品/服务

投资和销售
投资策略
销售战术
广告
促销/奖励
出版
贸易展示

操作
关键人员
组织结构
人力资源计划
产品/服务运送
设施

创建商业计划经济
假设和评价
开始平衡单
盈利和损失项目
资金流动项目
平衡单项目
比率和分析

访问 http://www.businesstown.com/planning/creating-rainbow.asp 获取一份虚拟公司的商业计划。这可以帮助你获得为了获取成功你所需要的计划中包含的东西。

对于你的网络投资策略，你应该有两个额外计划专注于你主要计划的特殊方面。第一个计划是你的投资和销售。如果你回顾商业计划的内容概要，你就会发现投资计划专注于投资策略，销售战术，广告，促销和奖励，出版和贸易展示等方面。你的网络使用计划应该反映此。你的第二方案——操作方案，应专注于例如主要人员，组织结构，和人力资源等，但当你更进一步的时候，你同样也需要将使用网络进行将来资源注入和管理客户服务和支持等想法包含进去。

网络和你的投资策略：建立你的网站还不够
你现在知道了网站的重要性和你如何为你的公司建立一个。

然而，拥有好的设计、速度和内容并不足够。现在你需要让你的网站被知道。你需要宣传你的网站，促进它——包括网络和现实中——提升网站流量并保证你制作这个网站的目的能够得到满足。网站必须按照你设计的方式来工作。

目前一共有约一千万个网站而且这个数字还在持续增加。如果你只是把自己的网站放在网上，不见得很多人就会去访问它。你需要一个策略使人们去访问你的网站。你需要用心的利用资源。

有一个好的网站不保证一定有人会去访问。你必须积极宣传它：在名片上、电子邮件、T恤、还有随处可见的印刷物上。

（网络广告计划细节）
公司服务一个客户的花费

通过电话 $33
通过电子邮件 $9.99
通过网上自动支持 $1.72

来源：Forrester 调查

链接互换策略
一种免费促销网站方式就是与其他网站互换链接。你可以选择向网络管理员发送邮件来说明你想加入链接的一个网站。更好的办法是先将其加入你的链接，再进行联系。这是一个双赢策略并且你加入别的网站链接后再去请求让对方也加入你的就会有更大的机会。

链接很重要因为搜索引擎通过推荐受欢迎网站的方式来工作。如果一个有相当流量的网站有你的链接在上面，搜索引擎就会拾取其信息也会因此增加你出现在搜索结果中的机会。另外，你网站上有越多的链接，你的网站就越有可能上升到搜索引擎的前几名搜索结果。

链接到那些赞扬你的网站是重要的。你的流量应该和你的业务相关。如果你经营的是一个洗车公司，连接到一个书法网站是不太会帮助业务的。

领导一代：病毒式营销
网上投注资金的一种方法是病毒营销。

病毒式营销是指隐形营销技巧，它能够通过自我复制过程增加品牌效应，是一种可使网站曝光率成指数增加的市场营销手段。在其传播方式方面，它就像电脑病毒一样。

作为一种策略，病毒式营销鼓励人们将投资信息发给他们的联系人和朋友。

病毒式营销在网上就和口口相传的营销策略等同。

通过建立这样一个议案使用病毒式营销——简洁明了，引人注意的语言——通过电子邮件（给联系人或用户）或者通过你的网站建立你的议案。

病毒式营销的发明源于 hotmail.com。只是最早的免费邮件服务之一，而在每个免费邮件的下方都有一个小的信息"在 Hotmai.com 获得你个人的免费邮件。"

贯彻一个相似的策略，病毒式营销可以指数化增长你的资金。

增加流量
增加你网站的流量有以下几种方案：

在搜索引擎注册你的 URL
注册你的目录

在 Usenet 新闻中心宣布你的 URL，他们可能对你的主题感兴趣

在名片中加入你的 URL

在办公用品中增加你的 URL

印制传单

将其发表在报纸、杂志或其他刊物

在你的产品中发布

在赠品和饰物中发布

在电视及广播中宣传

你应该在网站上增加元标签并在五个最受欢迎的搜索引擎注册，比如 www.google.com 和 www.yahoo.com。不是很流行的搜索引擎也会在以后把你的公司列入搜索结果。

想象看大约 55% 的网站流量将来源于搜索引擎结果。为搜索引擎定位优化你的网站，给你的访客一个进行回访的理由。

更多的一些建议：

保持你的页面更新

当你发表文章的时候注明网站来源

提供一些有奖励的竞赛

提供免费的电子书

所有这些策略都被证明能够增加网站流量

交换广告栏

另外一个增加网站流量的方法是与你业务相关的网站交换广告栏。就像名字一样，你在自己的网站上为一个网站放上其标语广告栏。相同的，你可以在对方网站上加入你的标语广告栏。

道德与法律问题

网络和网络投资也引起了关于道德和法律问题的广泛争议，对于网络广告和与其类似的，很难对其法律和道德界限作出明确规定。至今，这样的界限也不过是刚刚建立。

类似于联邦贸易委员会（FTC）的美国政府机构已经在最近几年涉足了网络广告的法律与道德问题。在 1996 年三月，其针对九所公司在网络投资中进行虚假和证据不足的宣传采取了行动。FTC 消费者保护局的理事将网络称为广告和投资新前沿，但他建议网络的生存风险是很大的：

"如果这个新前沿称为一个欺诈计划的疯狂世界，那么网络就不会带来任何商业利润。这些 FTC 案例针对投资诈骗，而我们的在该领域的注意力使得法律禁止诈骗的功效同样适用于信息高速公路。"

Jodie Bernstein, 联邦贸易委员会

网络是市场营销的新前沿。规则和习惯都在这种环境中迅速的进化，网络广告商需要注意自己国家的法律，同时也要注意市场国家和国际贸易。

给广告商们的建议是小心谨慎，确保其广告内容可以被市场主要国家接受。他们也强烈建议，不承担责任声明应显示在网站中的突出位置，以及在适当情况下，网站应清楚表明交易适用的国家。

随着网络广告的市场不断增长，一些不诚信不负责的广告商也会不可避免的出现，他们被这种拥有可迅速廉价到达全球市场的媒介所吸引。

"真正的问题还没有出现，因为目前市场由于安全原因和付款问题，消费者和商人都被排除于网络市场之外。一旦出现了一个安全、有效的国际电子支付模式，那时再介入和考虑如何最好的加强规则就太晚了。现在就是认识这个电子商务的承诺和潜力的时候，确保它会对所有澳大利亚企业行得通，而不是让时代把我们远远抛在后面，仅限于用纸张办公的商业系统。"
Mellissa De Zwart，"电子商务：承诺，潜力和建议"NSW 大学法律期刊

随着道德问题介入网络广告，专家开始关注一下问题：

网络消费者调查
一些网络消费者调查违反了网络消费者的个人权益。研究、调查以及其相似的，应该尊重用户隐私并应谨慎以免泄露个人信息。

专业市场营销
投资专家们自己在网上应该只做自己领域内的在已成文的道德界限之内的事情。

针对儿童及其他弱势群体的营销
网络广告商应该注意硬销广告对于儿童及一些弱势群体可能是不道德甚至违法的。

营销限制商品
使用网络策略来吸引青少年以促销例如酒类和烟草等商品的公司，应注意市场限制商品的道德和法律含义。

不请自来的广告邮件或垃圾邮件
以大量邮件的形式分发广告的方式要特别留心。一些网络广告公司在这方面越过法律界限操作。

或许需要时间重新考虑一下网络营销的道德问题。
寻找并作出可以以最大化方式卖给最多消费者的方式。
证据确凿的责任体系
假设和有与你的网络广告竞争有关的领域的固有道德禁忌。
反映出你网络投资决定的意图，手段和结果

营销策略回顾
现在我们已经看过一些具体影响网络营销策略的问题，应该是时候来看看个人策略，他们如何起作用，你如何从你的业务中获得最大利润，你如何在策略性的内容中整合具体策略。

第七章 邮件市场营销

"千里之行始于足下"

你有邮件地址吗？

为了开始你的网络营销计划，你不需要挥霍许多钱来建立一个网站。是的！拥有一个网站并不是开始的基本条件。你总是可以晚点再有网站。现在来说，一个专用的商务邮件地址可以作为你踏入网络市场的第一步。你不需要花很多钱。而且它还能帮你建立其对网络环境的基本了解，这在你建立了网站并在网上拥有自己的地方的时候很有用。

我们大多数人都使用网络很多年——给家人、朋友和工作伙伴发邮件；在网上聊天和阅读新闻，等等。但是，如果你的网络使用仅限于此，就像用一把双管枪来挠背。你仍然不清楚网络可以为你做什么。

如果你没有邮件地址，你需要开启一个邮件账户。有很多公司可以让你免费注册！

获得邮件地址

Google 的 Gmail 为你提供存储空间，并且有能使你更快更好运行的特性。你同样可以从其他同等有名的网站如 yahoo, hotmail 等获取服务。你并不需要一台昂贵的电脑来开始。

去一趟你的当地商店，这可以帮你找到一个有获取网络基本组件的系统。同样不会花费很多。从你的网络运营商接入宽带网络。有几个可供选择的计划，包括无限月流量，如果你需要的话。同样也有只有白天或只有夜间的计划。选择适合你使用时间表的计划。

网络免费邮件账户的好处

以下表格会帮你比较不同的服务：

为什么是电子邮件？

这是使用电子邮件作为商业交流媒介的优点：

- 有效开支——你可以通过使用邮件代替其他交流媒介来大大减少开销
- 高投资回报率
- 即时，可以省去你很多时间和资金
- 积极主动——你可以主动发送邮件不论网络基于何处，何人在访问
- 对大规模交流较为理想
- 具对话性
- 简单易于参考
- 独立于地理位置——不用考虑距离
- 私密
- 易于管理
- 易于筛选
- 安全可靠传播
- 你可以附加图片、声音、视频片段和其他电脑文件到你的邮件
- 你可以轻松保存上千封邮件，并且可以电子搜索信息文件
- 你可以粘贴部分或全部邮件到其他电脑文件中不利的方面

- 不请自来的邮件
- 对于企业的隐私可能会是一种威胁因为敏感数据可能由于疏忽发送到其他地方的很多人，而且是迅的。

现在你有了邮件——接下来呢？

不论你处于什么业务之中，你肯定需要你的潜在客户知道你的存在。传统方式可能会包括将其印制在一种目标用户一定会阅读的出版发行物上。但传统方法也有缺陷：

- 印刷广告通常花费较高
- 能否到达你的目标用户中并不确定
- 到达用户手中需要时间
- 寿命很短

那么如果你用电子邮件同你的潜在客户交流呢？你可以节省上千美元在报纸、传单、卡片以及其他线下促销上。

如何用你的邮件更进一步

你现在有了能够通过邮件到达用户的装备。你已经有了很棒的产品；现在你准备好来使用邮件的力量来达到用户，让他们知道你的产品。

你与潜在客户交流的方式很重要。它很可能会决定你的潜在客户是否会买你的产品。你的邮件必须有好的内容。好的内容绝不是靠运气，而是有被证实的方法。让我们来看看吧。

创作好邮件内容最有效方法：
- 包括一个短小的主题标题
- 标题使用四到六个词
- 直接称呼你的读者（"你""你的"）
- 保证内容有关并且更新
- 抓住读者注意
- 利用引人的争论或是他们可利用的信息来抓住读者
- 记住邮件也是市场工具——将它当成一个工具来利用！

现在你拥有了强有力的内容——走出去联系吧！

互联网营销的基本工具--"电子邮件"，您会在您的互联网营销中利用的最重要的工具是利用电子邮件。它可以帮助您与您的访问者或客户轻松交流，这是非常便宜，并且快过蜗牛一样的信件。

你可以去任何电子邮件程序在互联网上提供的方案。举例来说，Eudora，一个独立的电子邮件程序，可以使用任何互联网服务提供商（ISP）。它拥有很多功能，可以为你节省大量时间。这将帮助您通过过滤信息轻松地组织你的邮件。你可以您自己的域名为您的电子邮件，它不会当别人的。

书写电子邮件听起来很简单，但有重要方面需要注意。

1) **主题行：** 吸引您的读者的注意力是一个很重要的因素。因为访客是你的客户或买主并不意味着他/她将打开邮件。他们需要被鼓励去打开你的邮件。你必须能够引起他们的注意。而要做到这一点，您的电子邮件的主题作为您的信息的最重要组成部分，应简短并直奔主题，并应提供一个你的信息的概要。

2）**你的邮件格式**：许多人有一个混乱的格式他们应该组织他们的电子邮件，HTML 还是文本。虽然有很多这样的争论，文字信息是更好的选择。这是因为并非所有的读者能够在 HTML 电子邮件中查看您的信息。但即使如此，如果你需要 HTML 邮件，最好的办法满足你所有的读者，也就是创建两个版本，并允许他们作出自己的选择。

3）**每行长度**：某些电子邮件程序没有自动文本特征外表。所以，即使你的信息对你看起来不错，也很可能您的电子邮件收件人可能将你的邮件作为一个长句子，这让他们看起来不舒服。因此，当你开始写你的电子邮件，你应该保持考虑到这一点，在你行的长度应限制在 65 字以下。在每行结束时，使用"回车"键。如果你不喜欢通过自己排版，可寻求在线帮助：-

http://www.web-source.net/format_text.htm

4）**连接**：当您在一个邮件中的网址，一些电子邮件程序会自动创建网络与以"www"开头的在线的联系地址。然而，一些电子邮件程序，只能当网址是以"http://"开头时才能够创建实时连接。因此，你应该始终包含完整的以 http:// 开头的 URL。

当你在邮件中包含一个邮件地址，你应始终在该地址前面包括"邮寄给："。这将使大多数电子邮件程序创建一个实时的电子邮件链接。

尽量使你的网页地址短些，这样该 URL 才不会分为成两行，从而可能导致错将一个完整地址的一部分作为网站链接。

电子邮件营销

电子邮件营销是通过电子信件邮寄给目标用户。在一封邮件通讯中，所有的内容都来自你。对于律师，顾问，社会工作者，装饰及其他专业人士，这是一个完美的方式，为你的专长培养忠实粉丝。 当你带着语气来写，并把它与以客户为中心的内容联系起来，你获得了用户的顶级认可，并通过因子传递赢得了您的粉丝俱乐部。

有多种用途的电子广告邮件营销，如向新客户宣传，为现有的客户群引入一套新的服务或产品等。

电子邮件广告的费用比直接通过普通邮件，电话推销或上门销售都有效得多。

留住你的老客户

回头客贡献了大多数网络公司年收入的 60% 以上。如果你不断地尝试吸引新客户，使市场份额远超你的竞争对手，你可能会忘记你的现有客户，他们也会忘记你。你可能会失去您的销售利润的来源。您可以运行一个电子信件的活动。您可以发送名片或电子信件给所有的现有客户。你可以很容易通过遵循一些战略来保持你现有的客户：

1）**重复**：成功的企业，不管是线上或离线业务，取决于你不断提供通讯和其他营销材料的承诺。经常传送电子邮件或公司的通讯是将你的心声传达给客户一个非常高效的方法。这往往取决于客户多久会决定购买产品或服务，您可以决定发送邮件或信件的频率。

2) 吸引眼球： 如果您想您的营销策略每个都积极支持你在线公司，关键在于质量。因此，你创建的邮件应该有意义，相关，对读者来说有趣。您的信息应包括一些有趣的图形元素。您的电子邮箱可以提供专家咨询，娱乐和醒目的特点，并提供只能通过你的电子信的特别优惠。如果没有任何员工能够为你创造这样的材料，你也可以通过外包解决问题。

电子邮件通讯

如果没有选择你的信息的潜在用户或接收人列表，而不是你使用你买的一个列表，或你没有警告名单上的人，那么你就在发送垃圾邮件；你被认为是垃圾邮件发送者。一旦你被标为垃圾邮件发送者，您将被放在以百万计的黑名单。而且你很可能很难摆脱它。

不要冒这个险；只使用选择电子邮件。

而且，最后，你可以外包给专业的自动送出成千上万邮件的公司。对你来说发送成千上万的电子邮件是非常麻烦的事情，管理名单，订阅和取消订阅。自动化是最好的解决办法。

电子邮件营销的奇迹 ——"选择加入邮件列表"

邮件列表其实就是一个普通的文本文件，只不过其中包含电子邮件地址。

你可能会半信半疑向您的潜在客户问询电子邮件地址。选择加入邮件列表由用户心甘情愿给你的电子邮件地址组成。客户要求你给他们通讯，电子刊物，电子课程，特别优惠，和折扣。还有什么是所谓的垃圾邮件。

随着插件帮助，你可以通过展示给愿意的客户最大限度地提升你的销售。您可以建立一个电子的，权限基础的，与忠诚的访问者和客户的关系。

如果你只靠点击，你就麻烦了。访客通常不会在他们第一次访问一个网站时购买。研究显示一个典型的互联网用户在他决定购买产品以前将访问该网站七次。

你可以把一次性访客转换成你的最佳客户。"选择加入电子邮件"将帮助你改善和提高您的广告，创造更多的销售。你可以与您的客户建立关系，所以他们会回来访问更多次。

大多数电子邮件地址通过网站上的一个表格提交和加入清单。有很多方法可以说服人们加入您的清单：

1) 提供免费通讯： 人们喜欢接收信息。他们为信息支付了费用。如果你能提供给潜在用户提供他们所需要的信息，而如果你可以免费的话，他们会很高兴订阅您的通讯。提供免费通讯是收集选择性电子邮件的地址最好的方式。有了该服务的帮助，您可以与潜在客户建立一个可靠的关系。

2) 提供免费电子图书： 这将帮助您拓展网上业务和获得更多的订户。但是，你提供的电子书应该是有质量的信息。否则，你可能会失去客户。如果你能引起他们的兴趣，吸引他们与您做生意，那么这些忠实的顾客将再次访问你的网站。最重要的是，您将有他们的电子邮箱地址。

3）提供关于你产品或服务的免费文章： 如果你有一个优质产品可以销售，或者如果您的服务是独一无二的，你可以发给用户免费提供产品或服务详情的文章。这是一个非常强大的战术和一个来建立您的选择电子邮件名单中地位的很好的方法。

4）提供的免费下载软件的客户： 如果你销售的是软件产品，你可以赠送免费试用版软件。当他们下载试用版本时，他们应给予特别折扣的完整版本，这将需要他们的电子邮件地址。而且你就在这时中奖。

一个极为重要的因素是： 假如人们不再想收到您的电子邮件，他们一定可以随时取消订阅。否则你会被指责乱发垃圾邮件。

在一个邮件营销公司中应当寻求什么？

1) **订阅和解除订阅的自动化：** 由于先前提到的原因，从你的网站取得订阅将是有利可图的，这也使你获得了你客户的邮件地址和联系信息。现在想想你必须为你自己创造这样的订阅。看上去是一件非常耗时的工作。取而代之的，你可以求助邮件投资公司，他们将为你提供你所需的准确的 HTML 代码，将它们粘贴在你的网站，你的订阅就成功了。对于更好的服务，你也可以在订阅底部附加一个链接，能够帮助订阅者更新他们订阅的信息。这些邮件投资公司会帮你料理好一切。
2) **让你的邮件个性化：** 你可以合并一些能力来个性化每个发出的邮件。这是另外一个很多邮件公司服务提供的强大功能。此外，除了标准的姓名，个性化栏目里应当有更好的服务。
3) **处理反弹邮件：** 想象一下，无法递送的邮件会返回给你，假如你的发送列表很大，那将是一个非常烦人的事情。这些邮件被发送至一些被封锁或是不存在的地址，所以被退了回来。如果你持续发出这样的邮件并被返回，你就会进入垃圾邮件发送者名单。你不惜一切代价也要避免这种事情发生。你需要使用可以移除返回邮件的软件。不论何时收到返回邮件，软件都会记录这个地址，如果再收到一封从这个地址返回的邮件，该地址就会被标记为无效邮件地址。
4) **HTML 邮件：** 大多邮件投资公司都支持发送 HTML 邮件的能力；包含图片和文档的信息。你可以尝试 HTML 邮件。或许，不是所有的用户都有能力阅读 HTML 格式的邮件。所以因为你的信息没有意义，这些用户就很容易把你归入垃圾邮件名单。当你发送 HTML 邮件时用多种格式，这样不能阅读 HTML 格式的人就可以以一般邮件来阅读它。

免费邮件简报

由于邮件是免费的，建立一个数据库来保存潜在用户的信息是个很好的主意。这样你可以和他们联系，时不时的通知他们新的产品和服务。这大大增加了销售几率。

现在你怎么让人给你他们的邮件地址呢？简单。只需告诉他们填入姓名和邮件地址来获得一份免费的邮件简报。你的简报需要值得大家关注，而且必须包含对你目标有用的东西。

有了给你潜在目标的通讯与电子刊物你可以立即与数以百计的潜在顾客沟通而几乎不需要花费任何成本。你会看到你的电子邮件数据库增长。试想你要花费多少精力和金钱来建立一个传统方式的数据库。这个客户数据库规模大小很可能决定业务的成功或失败。你现在可以继续发送关于产品信息的定期更新，事件，新产品，节日促销活动，等等。

看不见就会忘记。您的通讯有助于你的潜在客户在想买东西时，先想到你。

要统一： 您的邮件列表是最强大的营销的一个工具。它通过付费以求与你的通讯一致。你可以选择最初每月一次发送一个一般的信息化通讯，其次是产品的另一种描述你自己功能，价格，折扣和优惠。

起初，潜在客户名单在增长的时期，您也许还能够继续为您的潜在客户发邮件。但随着列表的增长，数据库和邮件开始变得难以管理。电子邮件管理外包将帮助你解决这个问题，并把重点放在你的核心问题。应用服务提供商（ASP）可以管理自己的数据库和有关的活动。使用专业服务将使你每个月发送 5000 到 10000 份通讯，或电子杂志。

自愿加入的电子邮件

当潜在用户访问您的网站，心甘情愿给他的电子邮件地址，下载您免费通讯，你有机会确定其是否愿意继续接受你的电子邮件信息。可以有一个选择框上点击，选择用户是否要收到你的邮件。通过这种方式，用户同意建立沟通，并注册获取如电子邮件和信息通讯等通过电子邮件提供的产品信息。

这种用户给予的同意或许可的邮件，被称为自愿加入电子邮件或经允许的电子邮件清单。

发送电子邮件到未经许可的电子邮件地址被视为垃圾邮件。垃圾邮件对用户没有作用，相反只是一个麻烦。如果你得到用户的许可而向他发送大量电子邮件，这是完全合法的。然而，如果您发送电子邮件到用户的电子邮件地址未经允许，那么它是非法的，被认为是垃圾邮件。

无垃圾邮件竞争——广告测试

最好的使用邮件进行网络商务的方法就是在 Yahoo 群组，或者 Topica.com,或者 Free List.org 上创造一个双次选择性邮件列表。

双次自愿加入电子邮件

一个双次选择性列表意味着订阅者发送请求然后从邮件列表收到确认邮件，告诉他们必须按照以下步骤来进行订阅的确认。双次选择性列表是一种使得订阅者确认两次来接受未来邮件的一种方法。

避免单次选择性列表，因为他们通常被滥用。

有很多公司使用双次选择性列表进行广告宣传，但选择这些公司的时候一定要留心。有很多骗子会给成千上万的用户发送垃圾邮件。如果公司不能验证他们的双重选择性邮件列表或者他们不能给你明确的参考，不要使用他们。

电子杂志宣传

每个管理公司都允许你在发送给群组的邮件中加入广告。

选择性列表的关键是提供拔尖的任何事物。这可能是人们回来注册接受你信息的唯一原因。你同样可以利用电子杂志提供有价值的信息。而通过持续向你的读者提供有价值信息，你可以和那些愿意购买你产品的人建立起长久的合作关系。

电子杂志是建立你业务的一个好的方法。但学习在哪里放置你的广告需要时间。很多电子杂志不具备买家名单；他们包括寻找免费广告样本的卖家。相似的，你可以在使用付费杂志之前利用他们来测试你的广告。

其他方法

还有其他方法来测试你的广告，例如，将它们放在分类广告网站，安全名单，总体广告或是利基邮件列表。你可以在低花费的电子杂志使用他们。有了电子杂志的帮助，你可以为你的目标市场提供的一些有趣有价值的信息。

像 http://SubmitAds.net 的网站允许你将广告放入他们的目录中并会把你的信息发送给那些会在你复制的 SumbitAds 网站发布广告的人。

你也可以以独立网页建立你的广告，这些独立网页是在搜索引擎上注册的。

不论你用什么方法放置你的广告，你总是应该采取一些测试步骤。否则你的结果就只能是通过猜测获得的。

寻找一款最适合你的广告追踪软件，使用他们来进行测试。通过测试你的广告和广告媒介，分析每个产生的结果。放弃不能成功创造满意结果的选择，继续使用最好的。

一些你需要知道的术语：

自愿加入电子邮件

未确认的自愿加入电子邮件

已确认的自愿加入电子邮件

未选择的大量邮件

使用转介的力量

你可以在你的电子杂志和订阅报中考虑加入一个"推荐给朋友"的选项。这可以是扩展业务而无花费的一个好方法。

创建无懈可击的邮件信息的小建议

在使用电子商务信息的时候，你必须考虑哪些必须做，哪些一定不能做，这和你与人面谈或者通过电话是一样的。

良好的礼貌总能帮助你建立好的商业关系。因此你应当记住：

在邮件中使用真实姓名：

你的客户就是你的信息接收者，他们应该有一个你在和一个人而不是和一个公司交流的印象。你的邮件地址或许不能说明你的名字，但你的信息却可以。对接收者来说你不给他们你的名字是一件粗鲁的事情。

不要让人感到讨厌：

你不能因为它是免费的就过量的使用邮件技术。在短时间内收到过量的邮件对你的客户来说会是一种负担。

不要给接收者带来负担：

一封一页接着一页的邮件会让在电脑屏幕上阅读邮件的接收者感到厌倦。因此你的邮件必须限制长度，但要包括所有要点。

不要用你的笑话和警惕来增加负担：

你应该一直记得你在做一个商业议案因此你信息中的玩笑要有一定尺度。太多的笑话和警惕的话语会使接收者觉得你不是太专业。

不要过分承诺：

在你提供最新的通讯时千万不要使用"hello"或"hi"这样的词汇。还有，如果你告诉他们应该如何使用你的产品而不是你产品的好处，那你听上去就是在炒作。

在信息中显得专业：

你的信息一定要专业；使用完整的句子，检查拼写和语法；按照标准正确使用大写，尽可能的清晰简单，而且不要使用俗语。

不要发送附件：

有很多人不知道该如何处理非文本附件。就算你的客户知道如何打开并阅读附件，他们必须经历很多麻烦。如果你发送了附件，你必须要提前有一个协定，而且这个文件要值得收件人去打开。需要提前协定是因为如果客户不认识你，那他们可能会以为你附加了病毒。

隐藏多个地址：

如果你给多个收件人发送了同一个主题，你很可能使用了复写功能。不要再邮件主体前有一大堆邮件地址。这对收件人来说是令人厌烦的。作为解决方式，你可以使用隐形复制，这样这些邮件地址就不再看的见。

预订和填写过程的自动化

当你刚开始你的业务时，你会发现你自己来处理这些预订很愉快。这是因为你会发现你的辛勤工作正在产生成就，看见这些开始的订单会让你满意，你就会倾向于自己亲自处理所有的问题，邮件和订单。

但是，当你的业务扩展后你就会受到成百上千的订单，开始阶段已经过去而你不再会觉得处理这些问题有趣了。

这就是需要自动化的原因。你的销售订单程序是你业务关键的一部分，所以一开始就自动化是很必要的，如果没有你的业务就不会增长。

你订单和填报过程的自动化可以一夜之间使你的销售猛增30%。网络用户对他们所接受到服务的质量非常讲究。他们希望从你那里尽快收到购买的产品。

对你来说，建立满意的客户至关重要。如果你可以使你的客户订购和接受的你产品变得容易，你对你的竞争者就有了优势。而通过自动化你的订购和接受过程就能达到这一目的。

此外，你让整个过程自动化，这样你就能够集中精力在你的业务增长上。

你可以花时间在写订购确认，寄感谢信给你的客户，建立起好的印象。

自动回复可以管理所有耗费时间的任务：

- 买家总是希望再次确认他们的订单已成功收到。你可以安装一个自动回复，它能够发送邮件信息给你的客户确认他们的订单正在安全的接受处理。迅速接受到确认邮件可以使客户不再一次次的打电话或发送邮件来确认其订购。它会产生你在经营一个高度专业机构的印象。
- 买家倾向于打电话或发送邮件来询问他们的产品是否已经运出。一个自动确认发货的邮件可以帮助你自己免于这种麻烦。通知客户他们的产品已经送出可以建立起良好的印象。
- 你也可以为你的客户提供一个下载电子信息或产品说明的链接自动回复。这样的技术也能使客户满意。
- 每当你的客户购买了产品，发送邮件感谢他们当然要花费你大量时间。自动回复可以完成这样的工作。此外你也可以发送给他们相关产品信息。你不需要自己工作也可以卖出你的商品。

拥有网络通讯的好处

- 便宜：如同网上其他东西一样，电子通讯不会花费很多。制造和分发通讯是比较廉价的。用于印刷和邮寄的花费完全不用考虑。
- 减少设计时间：一旦你设计了你的通讯版面并对其满意——你可以以此为模板来建立你将来的期刊。更新通讯模板是简单而省钱省时的。
- 临时分发：你可以迅速发出你的电子通讯。送达不需要时间；相比于两到三天的邮寄时间。能够快速撰写和寄送通讯意味着内容不太可能过时。
- 增加被阅读的机会：很多研究表示电子通讯有比传统报纸更大的机会被阅读。邮件的分发方式允许你针对你的用户而特别制定，而这也意味着你能拥有更多的读者。

创造网上通讯的几点建议：

- 保守的使用图片
- 使用多个栏目形式的排版
- 分开文本内容——不要使其纵贯整个屏幕
- 通过着眼于利润来集中营销你的产品和服务

免费的电子杂志

网上有充裕的免费在线通讯。网络用户会订阅这些通讯并将其作为免费邮件接收。

有很多通过使用通讯把注意力吸引到你的网站和业务上的方法。

- 找到可以使你放置免费广告的电子杂志
- 为免费杂志投稿来宣传你的业务
- 将你的电子杂志加入电子杂志索引
- 使用电子杂志通知名单来宣传你自己的电子杂志和业务

数据库营销

这是一个收集所有客户、资金和潜在客户的可用信息，并将其编制于同一个数据库的方法。使用数据库的公司持续收集，提炼和分析客户数据，回顾购买历史、潜在客户、过去在营销上的努力、人口统计等等。通过分析和回顾数据，公司就能在将来的投资和销售中作出正确决策。

使用数据库营销的公司包括一些现在最成功的网络公司。例如戴尔公司，和 Land's End 使用投资数据库来向进行目标促销销售，评估个人用户的价值，和在他们的投资过程中跟踪所有重要的投资价值回报。

第八章 搜索引擎优化

客户如何知道你的存在？

典型的线下企业会花费营销预算的绝大部分在报纸与杂志广告、传单、排行榜等可能被潜在客户"看到"的地方。"看到"什么，就"买"什么。

相似的网络用户很看重类似于 Google, Yahoo, MSN, Hotbot, AOL, Lycos, WebCrawler 等搜索引擎的关于他们所查找的产品或服务的信息。搜索引擎就像是网络精灵一样，随时听候你的命令。你告诉它你需要什么，它就会告诉你要的结果。

需要网络用户做的就是访问搜索引擎，然后输入问题，再按回车键。几秒钟的时间搜索引擎就会显示成百上千条符合你条件的结果。搜索得到的结果是互联网中的各种带有 URL 的网页，他们所含的信息多多少少符合问题中的关键词。点击搜索结果会将你领入具体网页的细节信息。用户就可以来检查信息是否为他们所需。如果他不满意这个结果，他可以点击另外一个结果。或者他会换一个关键词进行搜索来获取不同结果。

例如你从事提供小企业的顾问业务。当用户在寻找有关顾问信息的时候，你的网站会显示在搜索引擎的首要位置吗？如果不是，你就会因为别人看不到你而眼睁睁坐失无数商机。当别人看不到你，就没人知道你，就算是你提供很好的服务你也不会有生意上门。

现在的问题是"我的公司如何出现在搜索引擎结果的靠前位置？"要知道这个问题的答案，我们先来看一下搜索引擎是如何工作的。

搜索引擎如何找到信息

搜索引擎是巨大的可搜索资源数据库，它们通过网络搜索器提取而成。就像使精灵爬过所有资源然后带着符合用户搜索关键词的资源返回。这些资源通常被分类并根据可能的相关性展示在搜索结果中。最相关的资源或网络就处于前列因此也显示在靠前搜索结果中（搜索结果第一页）。

所知的影响搜索结构的排名因素包括：

✓ 网页内容因素：

- 词语频率
- 文件中关键词位置
- 网页中包含关键词的页数（相关类聚）
- 网页装载时间

✓ 外部因素

- 链接知名度
- 链接相关性
- 点击率
- 停留时间
- 受欢迎人数
- 更新频率
- Google 页面排名
- 来源于合作搜索网站的结果排名更高
- 付费站点排名更高

不同搜索引擎有不同的创造数据的技术和程序，因此每个搜索引擎都有自己不同与其他的数据库。因此搜索引擎可以分为像 Google 一样"基于搜索器"的和开放目录一样的"人力搜索目录"，或者两者兼有。

你面临的挑战是使你的网站位于搜索引擎搜索靠前的搜索结果中——对爬行蜘蛛的完美诱饵。在你的网站上放入足够的蜘蛛食物。换句话说，你需要优化你的内容来保证你的网站会被搜索引擎注意到并放在靠前的搜素结果中，这样它才能对你潜在的需要你销售的这种服务或产品的客户看见。

那么如果你的网站正好有你的潜在客户所寻找的内容呢？它将会增加你的网站被选中的几率并渐渐被更多的潜在客户访问。这不正是你想要的么？

搜索引擎优化或者 SEO 是一个被证明有效的方法来提高你在搜索结果中排名的方法。让我们来了解更多。

搜索引擎优化

尽管有很多现今的网络投资技术，搜索引擎仍然和多年前一样。这是因为搜索引擎对很多查找信息的用户就像入口一样。重要的是，你的网站出现在网络搜索引擎中仍然是吸引客户来了解你的产品和服务的最有前景的方法。因此，网站的搜索引擎优化绝对不能等闲视之。

搜索引擎优化预示着你要预测你的用户会使用那些关键词来在搜索引擎中搜索信息，并且将这些关键词放在你网站的战略性位置，以此来吸引搜索引擎。

你的网站战略性位置是：

- 域名
- 每页标题
- 备案标签
- 关键词元标签
- 描述元标签
- 评注标签
- 机器标签

你的网站管理商应该可以帮你做这些事情。

因此，这些是关键的：

- 选择正确的关键词，保证你网站的最大访问量
- 使用正确的标题标签
- 正确的设计和建立你的网站
- 使用正确内容——如果访问者在你网站上找不到有用的信息，那他们的来访就是无意义的

合理使用以上步骤可以保证你的网站已经进行了搜索引擎优化。优化越好，你的网站就越有机会被搜索引擎放在越好的位置，这样就会被访问者访问。

下一步是将你的网站提交或注册在不同搜索引擎。

注册搜索引擎

你可以免费或者通过付费方式在搜索引擎上注册你的网站。你需要打开搜索引擎寻找"建议一个网站"或者"加入 URL"的按钮。然后键入你的网站地址注册成功。

现在一个用户不论何时使用了与你网站匹配的关键词，你网站的标题和描述就会出现在搜索结果中，而你的网站被访问的几率就大大增加。

你可以注册你的网站来专业化你的目录。如果你是一个项目管理公司，你最好被列入网络娱乐目录和项目管理公司。

免费搜索引擎注册站点

搜索引擎/目录

1. Google

　　http://www.google.com/addurl/?continue=/addurl

2. Yahoo! Search

　　http://search.yahoo.com/info/submit.html

3. MSN

　　http://search.msn.com/docs/submit.aspx?FORM=WSDD2

4. Open Directory Project

　　http://dmoz.org/

5. www.submitexpress.com/submit.html

6. Exact Seek

   http://www.exactseek.com/add.html

7. AOL

8. Alta Vista

9. All the Web

10. Yahoo Direct

11. Looksmart

12. Search Site
    http://searchsight.com/submit.htm

13. www.quickregister.et

14. Buzzle
    http://www.buzzle.com/suggest_basic2.asp

15. www.submitawebsiteWebsite.cm/free_submission_top_engines.htm

16. ww.buildtraffic.com/submit_url.shtml

17. www.addpro.com/submit30.htm

18. www.nexcomp.om/weblaunch/urlsubmission.html

19. http://selfpromotion.com/?CF=google.aws.add.piyw

20. www.submitcorner.com/Tools/Submit/

付费注册

当今最主流的付费注册应当是 Google AdWords。现在你来决定与你业务相关的最主要关键词。你可以将你的广告放在关键词搜索结果的页面上。你只有在访问者浏览搜索结果时点击了你的广告才需要付费。如果访问者没有点击你的广告，你就不需要付费。准确的说，你按照每次点击来付费。

Yahoo 搜索营销是相似的另外一种通过每次点击付费的程序。在这个程序中，你的广告显示在与你关键词相关的搜索结果旁边。和 Google AdWorld 一样只在点击之后才付费。

这种每次点击付费（或称为每次点击花费）广告方式被称为"搜索广告"。

这种广告方式的效率由 yahoo 和 google 就能看出，他们不仅出售在他们自己网站上的这些广告，并且通过其他例如 ESPN, Lycos, AOL, The New York Times, MSN, Alta Vista, CNN 等站点来出售。尽管很多人还是喜欢"有机"搜索结果胜过每次点击付费，点击这类广告的人数却在增加。

搜索广告的最关键要求是正确选择关键词。使用例如 wordtracker.com 等工具不但会帮助你选择正确的关键词，而且告诉你主要和次要的关键词，通过搜索次数来告诉你"热门"词语，关键词组合以及更多。

搜索广告的优点

- 广告商就是在他们的广告被点击时才付费，这保证了他们的花费是有价值的。
- 点击了这些广告的用户都是已经搜索了相同关键词的用户。这种业务因此有获得目标用户的明显优势。
- 通过将你的广告发布在 Google Adwords 和 Yahoo 搜索，生意就能通过大幅节省时间、努力和金钱，在短时间内达到最多的网络用户。Google, Yahoo 和 MSN 组成了 90%以上的搜索结果。
- 你可以在短时间内宣传你的生意。
- 不用担心垃圾邮件。用户决定是否访问你的网站。
- 广告样本可以在任何时间被改变、修改或者停止。
- 你可以一次放置超过一个广告。
- 基于高端软件（如 flash 或如果你选择在 www.moonfruit.com 来制作你的网站）的网站可以真正的从搜索结果中的广告获利，因为爬行方式不很适用于列出 flash 网页。

内容广告

这种广告语将相关广告放在用户可能会寻找信息的网站上相关。这基于这样的逻辑，你必须在用户寻找同类信息的时候获得他们的注意。尽管用户购买你产品的机会不如在搜索广告中的大，但这是一个宣传你品牌的好机会，这样才能使用户以后再做出购买决定。

超过 70%的网络用户使用自然的"有机"搜索结果，通过搜索引擎优化顾问，你可以长期享受显著的访问量，并远低于每次点击付费的成本取得大量销售机会和成交额。

使用站点注册软件

http://www.sitesolutions.com/

http://www.mikes-marketing-tools.com/directory/search-engine-submission-software.html

http://www.submissionpro.com/

http://www.submiturl.com/

http://www.axandra-web-site-promotion-software-tool.com/search-engine-submission.htm

http://www.instantposition.com/offers/toprankings.html?gclid=CO2zypv8togCFR5fTAodLR5Q9Q

获得专业帮助——雇佣搜索引擎优化公司

搜索引擎优化要求丰富的知识，努力，时间，相当的专业知识，和经验。此外你必须装备程序来每天观察你的排名。如果你有雇佣搜索引擎优化公司的预算，你或许更愿意将这些工作委托给他们，这样你就可以避免犯错误而带来可能的损失，也不会因为缺乏经验而浪费时间。

网上有很多搜索引擎优化公司可以处理好把网站注册到上百个搜索引擎，优化内容，定位等工作，而且同时也会帮忙竞价管理，品牌管理，每次点击付费广告等事务。

将搜索引擎优化功能外包可以让你腾出更多时间在其他事情上，因为搜索引擎优化公司会具体执行你的有关方案。

在你委托这个工作给一个公司之前，你或许会想要看看他的名气，工作专业，客户维护，工作理念和他们自己再搜索引擎上的排名。

一些优化提示：

1、 在全站放上蜘蛛食物。强调关键词。在全站的前 25 个词中提及你的关键词。关键词有 5%-7%的作用。
2、 网站设计必须符合搜索引擎喜好。HTML 和文本要优于图片等其他网页形式。在 Macromedia Flash 中制作的网站会让搜索引擎在搜索该网站时变得困难。
3、 网站地图可能不会对访问者带来巨大作用但可以帮助搜索引擎在其数据库中合理放置你的索引。
4、 使用"知识产权"和"关于我们"的页面。将所有页面都连接到首页。
5、 每一页都必须有一个自己的数据链接。用 flash 制作的网页又显出劣势。

衡量自己的搜索引擎优化计划
你想过有没有一种在不同搜索引擎数据库中知道你排名的方法？或者你有什么可以分析你的网站然后让你知道你是不是在正确使用这个关键词？或者你的网站加载速度是否可用或者你需要一些改正的方式？

下面是一些可以帮你衡量自己的搜索引擎优化效果的资源：
www.wwebsiteoptimization.com/services/analyze
分析速度，大小等并根据此提出建议
www.wwebsiteoptimization.com/services/analyze
这是一个可以给出你的网站在主流搜索引擎排名列表的极好的工具
www.nichebot.com
关键词分析工具

此外，www.wordtracker.com 帮助你找到正确的关键词。他给你提供测试；www.searchengineworld.com 又是一个极好的搜索引擎优化相关工具，提供关键词密度分析测试。

更多目录
像 DMOZ.org 一类的开放目录工程（ODP）由人类志愿者建立，是一个世界性的网络目录。你可以注册你的网站来开放目录，就像你在搜索引擎中的注册一样。然而，要特别注意将你的网站注册到正确的分类中去，否则你的站点将不会出现。

第九章 在互联网上结成联盟

概览：网上联盟

网上联盟是什么？它如何帮助你的业务？两个简单的问题，却不会有简单的答案。联盟，在线下或真实世界里，指的是两个或以上组织，以合作伙伴或集团等方式联合起来。其根本在于两个或以上企业一起采取行动，一起承担风险，如果一切顺利，分享冒险中所得的利益。

不论线上还是线下，大多数联盟都是由拥有共同专业领域的公司合作完成。

联盟，有时候也叫主人——受益人关系，或者战略联盟，是一种商业程序，也是一种微妙的营销形式，基于和其他一个或多个公司形成松散的伙伴形式。

这种投资形式利用了其他公司已建立的已有的客户关系和良好愿望。基本概念是两个或更多业务互相交换其客户资源，这使得联合双方互相合作互相盈利。

在大多数联盟中，标语广告栏是一种特别流行的方式，你可以向你的客户促进联合伙伴的产品或服务。作为交换，你的联合伙伴向其客户推销你的服务或产品。为了表示感谢，你们互相给对方一部分销售所得利润。

联盟是针对其他公司已拥有客户的较好方法。

或许这种商业手段和营销模式最棒的地方在于，你有很大程度的自由来选择你想向谁推销，而你可以像对待非竞争者那样对待你的竞争者。

联盟的好处

联盟是提高你与订户和客户关系的最有效手段之一。如果你找到了优质的产品和服务而且能卖个好价钱，它将会积极地反映出来，你会因此得到其他成名公司对你的尊重与合作。当你在联盟中获得成功也就为你赢得了赞许。

首先，你应当对你的客户强调你进入一段合作关系预示着你可以保证令人惊异的价值。他们必须相信你已经尽力找到了这样的方式并与他们合作，当他们相信这个的时候，你会发现他们更愿意去买你所提供的东西，特别是你的竞争者的客户。

另一方面，如果你提供的产品或服务不合标准并且对你的业务并无太大价值，你的冒险过程就更可能事与愿违。如果你的长期客户认为你已经在做垂死挣扎，他们就不会支持你。

据说，当正确的事情做好以后，联盟就会帮你增加你的选择性和快速无限制的扩展你的客户基础。开始你的联合冒险后，几分钟内就加入几百个新的订户并不是罕见的事。

你可以迅速的通过联合伙伴的好名声来增加你自己的名声。如果你的伙伴很有名，而且拥有其订户和客户的信任，这种好处将会传递到你这里。

你的合作伙伴赞同你的产品和服务使得其他订户和客户认为你也同样可信。这就是增加信誉和合作的好处。

你可以保证得到越来越多的响应，因为你的销售信一定会被伙伴的订户和客户所阅读。这里靠的是第三方推荐。你的合作伙伴已经与他的订户和客户建立了合作关系，相比你自己把产品或服务销售给他们，他们更相信合作伙伴的推荐。

联盟是一个真正免费获取新订户和客户的好方法。它能使你获得你的合作伙伴的流量、现有订户和客户。你不需要因为要获取新的交通而招致开支，并且你可以很肯定从你的伙伴那获得的流量都是你的目标客户，很可能因此获利。

另一个好处是它使你向你的现有订户和客户群提供新的产品，特别是当你没有新产品销售，或者你不想增加开支来研发新产品的时候。

你可以向你现有的订户和客户群推荐伙伴的产品。这极为有利可图，因为你的订户和客户会认为这是很有价值的商品，否则你也不会认同，特别是如果你在他们当中有良好的名誉基础的话。他们不会认为你是要从他们那谋求一时之利。

找出你在目标市场的销售对象，他们在销售什么产品和服务，和你的目标市场所信任和拥有良好关系的人。然后你可能想要与他们联系建立合作机制。向他们提供额外的服务和产品。这是一个双赢的策略因为它加入了另一个盈利行列。如果你的公司是一个提供高质量产品或服务的公司，对你来说找到其他公司来合作则会是一件简单的事情。

以下是你可以参照的一些联合交易的例子：

1、 *额外服务或产品*
    如果你想销售小型企业会计软件，你可以联系那些向小型企业销售硬件的公司形成合作关系。在这种情况下，你和你的潜在合作伙伴都在服务小型企业市场。更进一步，你们的产品对对方来说都是一种互补，这样就更易形成合作关系。

    你可以向你的会计软件客户推销电脑硬件，而你的合作伙伴可以同样向他们现有客户推荐你的会计软件。

2、 *利润分享率*
    如果你有很好的产品但并没有订户和客户市场，以及网站流量，你应该接近那些拥有很多的人来合作。你的合作伙伴可以促销你的产品而作为交换，你可以从相应销售中给他们一部分利润。

3、 *合作研发产品*
    你或许拥有高需求的专业知识但你缺少产品生产技能。你可以很容易就找到一些擅长生产产品，例如电子书，磁带和录影，的人来进行合作。你可以为你的伙伴提供专业知识，而他可以负责创作产品。

4、 *电子书促销*
    你也可以和所有伙伴都在注册中"感谢你"页面互相促进其电子书的电子书发行商进行合作。在有人订阅了你的电子书以后，你引导他们进入感谢页面，那里你可以发布伙伴的电子书。

联合营销最主要的好处就是它可以造福所有成员。它绝对是一个双赢商业方案。你会获利，你的合作伙伴会获利，你的客户和订户也会获利。联盟只需要很低成本，冒很低风险，而且是使你的产品投入市场最快捷的方法之一。

只要处理得当，联盟就能扩展你的在线销售和利润。

第十章 网上标语广告

标语广告栏就与路边的标识牌类似，是广告商展示用以引起读者对其服务和产品的注意。它帮助消费者知道市场现有的产品，并让他们进行购买。

使用网络标语广告栏就有相似功效。你在不同网站上放标语广告栏。用户通过点击上面的超链接进入广告商的网站。

旗帜广告可以被成功转型为每次点击付费系统。你只在用户点击并进入你的页面以后才需要付款。而你又因为点击进来的客户购买你的产品而赚钱。

选择旗帜广告的网站是标语广告成功和有效的关键因素。必须有合理的调查来保证你申请加入标语广告的网站会被目标用户所访问。

使用网上标语广告栏：
- 增加网站流量
- 给你将访问者转化为买家的机会
- 帮助你的用户到达更广范围的用户
- 帮助宣传和增加客户选择你的机会

虽然标语广告栏现在不是那么流行，但其还是一个高效而低廉的网络上宣传的手段。受欢迎的标语广告交换服务包括 click4click.com。"标语广告网络"是标语广告交换服务的领头羊。

标语广告的种类
旗帜广告是一种宣传公司和增加流量的好方法。自然地，有几种不同的旗帜广告：

- 标语广告交换

这是最常见的旗帜广告。当你在你的网站上放了旗帜广告，每两个可见的旗帜广告之中就有一个你的旗帜广告放在别人页面上。

- 每个印象花费

使用每个印象花费，你在别人网站上提供旗帜广告，每当有人看到（即有人访问该网站）就支付一小笔费用。

- 每次点击付费

顾名思义，有人点击你的旗帜广告后，就要支付一小笔费用。

- 关键词广告

这种形式的旗帜广告将与你广告、行业和客户相关的关键词具体表现出来。你的广告必须为迎合用户搜索关键词的情况而设计。

标语广告竞争
- 标语广告代理
- 标语广告交换
- 标语广告营销

衡量你的旗帜广告功效

取决于你使用的项目来创造和发布你的广告，有很多可以评价你的标语广告高效性的方法。大多数项目让你衡量广告转化率。例如 Google 的 Adword，就是让你衡量关键词带来的印象数量，它也让你衡量每个印象带来的点击量。

如果你有大量的广告预算，让专业的队伍来帮你观察和衡量你的标语广告的高效性也是可能的，同时也可以规律性的制定一些方案增加公司的曝光率。

雇佣专业标语广告商

很多公司提供成套广告服务，来使其程序变得尽可能简单。毕竟，如果你的网页没有通过搜索变得可用，其唯一的功效就是网上名片。你不能投入新的资金。

雇佣专业标语广告商的好处在于他们可以提供高度的专注将你的网站放在网上，排在搜索引擎结果的第一页。合理发展的搜索引擎结果是目前最好的增加业务、增长和销售的方法。图形设计经常会受到专业广告商的影响并且增加更多流量。

很多标语广告的成套服务业给你修补网站以及根据关键词效率来优化内容的机会。

找到专业广告商的最好策略通常是进行一个通用的网络搜索。确认寻找可以全面好处的成套服务，特别是对你的业务。

第十一章 加盟营销

就像传统的商业一样，你合作来销售你的产品并以此盈利，你可以在网络上拥有加盟者，他们通过自己的网站销售你的产品并从你这里得到佣金。

加盟机构在网上有针对他们客户的关于你产品和服务的信息。如果一个用户试图通过一次点击找到与他们搜索的产品或服务相关的更多信息，就会被链接到你的网站，他们可以选择在其中购买。Amazon.com 以其合作项目而世界知名。

这种"路线"被记录下来，链接网站的所有者会得到佣金因为他帮助你的产品销售。佣金可以是介于销售额的 5%到 20%之间，这由产品的特性，母公司和产品价值所决定。

谁可以作为加盟机构？
任何有信心可以将访问者转到母公司主页上的网站都具备成为加盟的条件，不论其大小。

谁可以开启加盟项目？
任何试图扩展、意图利用别的网站流量、并有多个销售点的公司或业务都可以开始一个加盟项目。

如何获得你自己的附属机构？
不论开启自己的加盟还是加入已存在的机构然后分出来，都是由你而定。两者都需要你付费。如果你想自己开始加盟项目的话你需要购买能够帮你管理项目的软件，这些软件可以为你记录访问量、资金、购买、每个加盟商的流量、付款项目等等。

另一方面，加入一个现有程序意味着你必须使第三方来照顾你的业务，包括拥有你的旗帜广告和到你附属机构的链接。你加入的这个加盟项目会让你建立自己的联盟和链接到其他有兴趣链接到你的网站。

如何在网站上链接加盟？
将你的加盟机构链接至你的网站有不同方法。

首先是标语广告。

1、 标语广告——标语广告是最易认识的，并且可以拥有使用效果和颜色的文本和图像。访问者可以点击标语广告栏来进入你的主页。
2、 文本链接——这是另一种使得访客到你网站上的方法。你可以在附属网站的内容中链接自己，点击它们访客就会到你的页面。这是一种更巧妙的广告形式，因为旗帜广告可能过于夸张。

你可以想出更多创新的办法来邀请访客到你的页面。

如何给加盟机构付款？
每次点击付款：你可以选择给你的加盟机构根据其访问者数量来付款。如果你以每次点击付款，你就要根据由你的加盟网站引导至你网站的访客数量来付款。

每个向导付款——每个向导付款是即使加盟机构没有引导访问者到你的网站你也要付款的基本方式，访问者可能只是随处看看而没有在你的网站上买东西。然而，他们点击链接访问你的网站向你证明了他们只是对你的产品有这样或那样的兴趣，但却不能立即下定购买的决心。你肯定想要他们的联系方式，这样就可以与他们取得联系推销你的产品。

你可以从这些来访者中通过让他们填写进入信息表来收集他们的联系地址。通过这种方式你可以在你的销售小组中处于领导地位并采取下一步行动。

在每个向导付款方法中你不根据其引导到你网站的数量给你的加盟付款，而是根据那些真正填过表格而将他们的联系地址留给你的客户数量，即使他们现在什么也没买。

每笔销售付款——在这种决定付款的方法中，你根据由加盟网站引导到你网站上的访客的购买来付款。你不根据访问付款，你也不通过留下联系信息付款。交易才是重要的，你同意向你的加盟支付一定比例的销售额。

如果他们最初送来的客户再次购买，你或许会再次给你的加盟付款。这是剩余付款项目，保证了你拥有终生客户的同时，也支付给加盟网站的一定报酬。

无论用什么方式，要把注意力集中在这些访客的数量上：

✓　在加盟网站点击你旗帜广告的
✓　在加盟网站点击你链接的
✓　留下他们联系地址和爱好的
✓　真正购买的

了解这些是很重要的，因为他们会帮你决定你支付给你加盟网站的费用。它也同样会帮你随时比较加盟机构的表现。

如果你觉得管理数据的工作太过于繁重，你可以考虑雇佣加盟代理服务。加盟代理负责管理你的加盟商。他们管理你在加盟网站上的标语广告和链接，记录你的网站访问数据，整体资金注入，总共购买，并且记录支付给每个加盟机构的资金账户以及他们每个机构的表现。

你或许也会考虑使用加盟管理软件来帮助你管理多个加盟项目、衡量个人表现，这样你就有足够信息来决定最好和最合适的计划。

第十二章 企业联合

你可以想出来的内容有限。而且它要花费巨大的努力，创意，和革新来持续不断创造出新的内容。然而，你的网站上有持续更新的信息和外观也很重要。

一个解决的简单方法就是企业联合。

很多公司开展了持续性接受第三方的内容。这些内容持续有规律更新，更新后的信息被发布到这些使用他们服务的网站。这样的内容被称为企业联合内容。

企业联合在国际媒体中也广泛使用。你一定注意到了在日报中如同《加菲猫》一样的卡通连载。肯定的是，这些报纸没有创作这些漫画连载。那么，这些漫画怎么会，又如何会刊登在这些报纸上呢？这是因为报纸在试图提供给读者一些更有乐趣的内容，而这些内容是与《加菲猫》的作者签订了协议由他来提供的。这就是一个简单的企业联合的例子。

你会经常遇见各种各样内容联合起来出现在印刷品、电视、收音机等的例子。

企业联合内容可能包括：
- ✓ 天气预报
- ✓ 每日运程
- ✓ 笑话
- ✓ 事件新闻
- ✓ 购物大减价
- ✓ 旅游信息
- ✓ 世界时间

广播台或者电视频道或许会给一些空间给这些"企业联合的"内容。这种服务具有双重结果，一个是不用闭门造车，同时也满足了观众对新鲜内容的需要。

这种比喻现在被扩展成为网络企业联合

网络企业联合
网上的企业联合意味着你为了能吸引更多人来访问你的网站而授权别的网站使用你的部分内容，于是那些网站的用户通过订阅能够使用你的部分网站服务。

网上的企业联合组织同样也更易在你的站点内进行组织。内容提供者通常准备了网上大量访问者感兴趣的内容。

企业联合的益处
企业联合是一种保障网络营销内容安全的方法。它提供不同种类的利益；给读者的内容和参考。在网站上，接收站点——那些使用企业联合内容的站点——可以达到更深的层次。有更多的信息可供网站访客阅读。企业联合新闻，不管是普通还是与你的业务息息相关的新闻，都能即时发布在你的网站上；信息档案库，作为一种知识来源，对读者非常有益。

对很多网站，企业联合同样也会带来流量。它是一种免费且容易的广告方式。网上企业家对这项技能和其高效性都很熟悉；网络用户更喜欢订阅以获得海量信息。

其他益处包括：

- 用户会接收到新内容的通知
- 用户不用主动检查内容
- 媒体文件自动下载
- 用户不需要提供其邮件地址来获得大量信息
- 用户只需要从集中器取消"网络获取信息"，即可取消订阅
- 如何建立企业联合
- 为了使企业联合起作用，你必须有一个 feeder 来作为邮件程序。这项企业联合的内容会自动发送给订阅者。

你可以在网上找到 feed 读者，就像网络邮件账户，或者你可以下载你需要的程序到你的电脑下载线下使用。这些程序一些是免费的。Yahoo 和 MSN 提供个性化的个人主页，它与 feeder 用同一种方式工作。如果你有一个 Yahoo 或者 MSN 的个性化主页，你会从企业联合 feeder 接受关于新闻，天气和股票信息。火狐浏览器用户和 IE 7.0 用户也可以使用在线书签作为企业联合 feed。

另一些免费或是低价的 feeder 包括 Newsgator, Feed Demon, 和为 MS Outlook 的 Attensa。

最好方法之一就是找一个订阅者来服务你的商业需求，例如，一个可以超越 myspace 和 MyYahoo 基本功能的 feeder，在个人网页上访问 RSS 概要：http://allrss.com/rssreaders.html。

为了保障多数网站的 feeds，在原网站寻找订阅或者 feed 选项是有必要的。大多数时间，能够带你到相关网站的链接通常被标记为 XML, RSS 和 ATOM，或者被橘黄色按钮标示。

如同 Yahoo 或 Google 这样的网站仅有"加入到…"按钮，你可以用来在你的网站建立 feed 集中器。

一个网络 feed 是网上最多的企业联合组织基本元素之一。网络 feed 是一个基于 XML 的典型文件，包含了含有道信息源的网络链接的文章总结。最常见网络 feed 格式是 RSS 和 ATOM。RSS 的一个流行的定义是"真正简单的企业联合组织"，因为用这样的在线格式来发布企业联合项目十分简单。

企业联合网络内容样例包括：

- 网络博客
- 播客
- 视频博客
- 网络主流大众媒体

大多数在线企业联合内容都是以 HTML, JavaScript, 或者 XML 格式发送的。最常见文件时 XML

RSS 格式

RSS 格式被不同的成为真正简单的企业联合组织（RSS 2.0），丰富网站总结（RSS 0.91 和 RSS 1.0），和 RDF 网站总结（RSS 0.9 and 1.0）。其他更复杂的 RSS 组件有电子商务 RSS 2.0，媒体 RSS 2.0，和开放搜索 RSS 2.0

RSS 文件看上去是这样的：

```
<?xml version="1.0"?>
<rdf:RDF
  xmlns:rdf="http://www.w3.org/1999/02/22-rdf-syntax-ns#"
  xmlns="http://purl.org/rss/1.0/">
  <channel rdf:about="http://www.xml.com/xml/news.rss">
    <title>XML.com</title>
    <link>http://xml.com/pub</link>
    <description>
```

原子企业联合格式

原子企业联合格式是一个在网上使用的 XML 语言 feed；Atom 发布协议，又称 APP，是一个基于 HTTP 为发展和更新网络资源范围的协议。

原子企业联合内容看上去是这样的：

```
<?xml version="1.0" encoding="utf-8"?>
<feed xmlns="http://www.w3.org/2005/Atom">
  <title>Example Feed</title>
  <subtitle>A subtitle.</subtitle>
```

常见企业联合格式

大多数网络 feed 都是设计用来使软件程序自动检查更新的。网站拥有者或许会使用内容管理系统来发布近期文章的 feed。这些被软件程序捡起的 feed 被网站和允许订阅者看到其内容的 feeder 读者程序下载。

Feed 的基本形式是全文本的文章，片段，总结以及其他内容的链接。

RSS 内容 VS 原子内容企业联合组织

一些企业联合内容在 RSS 格式下不能正常工作。原子格式就是用来解决这个问题的。

你应该知道的关于 RSS 和 Atom 的一些事：
RSS 2.0 包含纯文本或者遗漏的 HTML
Atom 允许非文本内容
RSS 被广泛使用；而 Atom 却没有
RSS 2.0 只允许你使用整个文本或是企业联合组织描述简介，而 Atom1.0 允许你同时包含总结和整篇文本内容。

好消息是，外购这样的程序很容易而小型企业仅仅完成它就能够有收益。另一方面，了解基本信息会帮你更为留意，甚至发现新的更好的使用企业联合来帮助你的方法。

集中器

为了在你的网站接收企业联合的 feed，不论你是使用 RSS 还是 Atom 格式，你需要在你网站上有个集中器。集中器就是一种可以阅读由企业联合内容网站发送到你网站的网站 feed 软件。

拥有一个集中器意味着你不需要自己检查网站更新。你网站上的内容会自动更新。一旦你订阅了企业联合内容的 feed，你的集中器就会从其中按照你决定的频率检查更新。比如，你可以设置你的集中器检查更新的频率为每星期，或是每天，每小时。

尽管你可以在网页上安装集中器功能，但有些网站，如 My Yahoo 和已个性化的 Goolge 主页等都有内置的集中器。

集中器提供给你在一个浏览器或是桌面程序中。这样的程序也被称为 RSS 阅读器，feed 阅读器，feed 集中器，新闻阅读器和搜索集中器。

在你的网站上拥有一个集中器意味着：

- ✓ 你不需要经常手动检查更新。集中器会自动的周期性检查。
- ✓ 这是一个用户驱动软件并会自动检查更新。这会使你免去从企业联合网站接受大量邮件和减少受到垃圾邮件和病毒的风险。
- ✓ 不需要用户介入

目前有线上和线下的集中器版本。在线版本总体上有特别的网站和门户网络作为免费服务提供。大多数人都使用 RSS 格式并且允许用户手动检查更新的 feed。

这项技术的成功源于以下两个方面：
1、 大量的网络内容可以在短时间内放在一起，而这与搜索引擎类似；
2、 广告能力大大增加因为广告内容，可以快速定位和传送。

线下集中器装在用户电脑上，用来控制订阅和监督用户所选的 RSS feed。这种类型软件的图像用户接口通常是一个三面板的组成——交流软件，比如邮件项目。传媒通过网络服务器，这使得全球通信成为可能。附加特性通常都有效，所以你可以用声音播放器，博客编辑，网络浏览器，和邮件用户来整合内容 feed。

搜索引擎集中器是一种元搜索引擎，其通过 RSS 搜索结果来从多个搜索引擎中搜集信息。它结合了用户指定的搜索 feeds，作为他们可能曾经在电脑上安装过的总体集中器或是新闻集中器，给用户同样等级的内容控制。

RSS 引进后不久，网站开始宣传自己参数化的 RSS 提要中的搜索结果。搜索集中器是利用搜索引擎的功率的一个日益普遍的方式，这种灵活性在传统的元搜索引擎是看不到的。对于最终用户，搜索集中器可能看上去只是一个可由用户定制的搜索引擎，而 RSS 的使用则完全隐藏。然而，RSS 的存在是与搜索集中器出现和在幕后技术的关键部件有着直接关系。

一个典型的搜索集中器允许用户选择两个或多个搜索引擎。该集中器在不同站点执行一个指定的查询。用户在搜索集中器中输入查询信息，它就会把需要查询的信息放入到两个或两个以上的搜索引擎中，从而找到所需的 URL.

云系

虽然这种方法取得企业联合内容相当昂贵，但对于一些网站而言，却值得拥有云系；这是一种通知您的网站集中器更新信息的服务。

播客

您可以分发音频内容到 Ipod（数字音频播放器）。这个过程就是所谓播客。内容可以在任何标准 MP3 播放器上播放——无论是否在计算机上。这种现象现在非常流行；播客是最新的在线营销工具。

播客概念的建议在 2000 年被提出，其技术部分在 2001 年成为现实。播客首先在广播用户天地中开始被使用。2003 年，播客在人们所共知的网站开始正式登场，随着播客日益普及，支持维护软件也越来越畅销。

播客内容肯定是一个利基市场。真正对该主题感兴趣的人受益于同一下载。从营销的角度来看，内容通过一个有趣的格式达到了你的目标用户。

你可能想加上一些第三方的内容，每天为你的现有内容更新补充一些新鲜的消息。使网站看上去被维护和通过提供新的事物抓住访客的兴趣。

内容提供商则承认文件的存在是在 feed 中引用了它。feed 是一个网址集中展览的可到达访问列表。这种列表通常是在以 RSS 格式发布（虽然原子格式也可使用）。它提供其他信息，如出版日期，标题和每个系列和情节的说明文字。在 feed 中可能包含的一系列作品中的所有事件，但通常仅限于近期事件候选名单。标准播客由一个来源于作家的 feed 组成。最近，多位作者都把这些情节归结于是一个播客 feed 的功劳，它使用了如公共播客和社会播客等概念。

内容提供商将 feed 在网络服务器上发布。该位置是被称为 feed 的 URL（或者，也许更多的时候，feed 的网址）。内容提供商使得这个 feed 的 URL 让目标用户知晓。

一个消费者使用一个集中器，有时称作 podcatcher 或播客接收器，来订阅和管理自己的 feed。

一个特定的播客集中器通常是永远开启的；它的一般的程序在计算机处于开启的时候启动。它继续在后台运行并管理一套在一个个指定的时间间隔通过用户和下载添加的 feed 的 URL，比如每两个小时。如果 feed 数据从实质上改变了它以前的检查的状态（或 feed 刚添加到应用程序的列表），该方案决定该项目最近的位置，并自动下载到用户的计算机。

也许只有 20% 的播客其实是消耗在便携式媒体播放器，80% 是消耗在个人电脑上下载。某些应用程序，如 iTunes，也会自动把新下载的事件提供给用户的便携式媒体播放器。

下载的插曲可以播放，重播，或存档为其他计算机文件。

为了节约带宽，用户可以选择使用在线播客目录来搜索内容。有些目录允许人们线上试听，初步熟悉由 RSS feed 提供的内容，然后才决定进行订阅。对于大多数宽带用户，带宽一般不是主要的考虑，所以，平心而论，随着全球宽带越来越普及，带宽不断提高，播客技术也应运而生。

播客的最大吸引力在于它允许个人和企业开展自己的广播节目。这个系统迅速的被使用在其他各个方面，包括讲授学校课程，官方或非官方的博物馆声频导游，会议通知和更新，以及被警察局用来发布公共安全信息。

知道了播客的流行程度和线上增长的现状，企业就能够容易的找到这种技术的用途。

Autocasting

Autocasting 是播客自动化的形式，允许播客和博客从 RSS 生成文本博客音频版供稿。 Autocasting 软件使用 XML 解析器时，TTS（文本到语音）引擎，和音频转换工具来转换文字博客成音频文件，可以下载放在一个博客，同步到便携音频设备，或在桌面电脑上播放。

流媒体

流媒体是一种在下载同时就可以收听或观看的技术。流媒体与其说是媒体，还不如说它更象是一种运载系统。它与传统媒体的主要区别在于它分布到整个计算机网络。大多数运载系统可分为可流和非流两大类。比如，广播和电视是可流性的，而书籍，录像带，光盘和音频媒体则属于非流性的媒体。

"流"这个词用作动词，意思是提供流媒体。它最经常是指通过互联网将媒体提供到一个电脑上，一个可以追溯到计算机的初期概念。

20 世纪 70 年代学术实验，证明了流媒体电脑的基本概念和可行性。在 80 年代末，家用电脑成为强大到足以显示各种媒体。然而，计算机网络仍然很有限，信息的传递通常使用非流渠道，如 CD-ROM 光盘。

建立一个网站流媒体——无论是联合新闻内容或一个公司的宣传广告都已经发展——在很大程度上取决于你的软件和文件大小的。

如果你想整合流媒体到您的网站，最好的确保您没有任何问题，并确保客户查看您的内容没有问题的方法，就是最好聘请专业的网页设计师。

第十三章 博客

什么是博客？

博客是一个以网上日记形式存在的网站，最先列出的是最近一次更新。大多数博客的内容都是每天更新的，有时一天数次。在播客的世界中每天都有成百上千新博客出现。在多个互联网上的博客都相互连接，因此添加到任何博客的信息都能迅速传递并在短时间内涵盖网络。

根据 Technorati 的记录，截至目前至少有 6 千万博客活跃于互联网上。

博客和社交网络

社交网络介绍了人们用来与对方分享意见，见解，经验和观点的在线工具与平台。目前，它需要许多不同形式，包括文字，图片，音频和视频，而最流行的在线工具是博客，留言板，播客，Wiki 和视频博客。

对于企业，不论大小，社交网络，特别是博客，是一个很好的工具。很多使用博客和其他形式的社交网络的企业已证明了其重要性。

2006 年的奥斯卡颁奖典礼后，例如，全球非营利组织，乐施会，用媒体宣传社会拍卖 Keira Knightley 的衣服。经营上的低成本，乐施会聘请了社会媒体机构接触到 Keira Knightley 以及粉丝网站作为名人八卦博客和留言板。拍卖获得了七千八百五十五美元，约 79 位投标者竞争，2,500 人在 eBay 上观看了最后几秒钟的拍卖。博客帮助提高乐施会的线下知名度，其中包括 150 多个遍布美国各地的传统媒体。

沃尔沃，在努力宣传《加勒比海盗 2》上映时，开始了在世界范围内，人们寻找 "海盗宝藏" 的宣传。这个宝藏就是以海盗为主题的沃尔沃越野车。为了宣传比赛，他们通过一个专门的由 MSN 空间主持的博客，让人们分享提示，线索，甚至还有诗歌。

沃尔沃能获得超过 3 万的人支持，并影响了影片的上映。

你如何开始一个博客？

有用于许多类型的软件，可以-购买或下载-建立并运行一个博客。最流行的软件程序是：

WordPress

Blogger

LiveJournal

Dreamhost

博客如何帮助您的业务？

虽然博客是一个极好的让人们了解朋友和家人每天的生活的方式——这是一个最普遍的使用——同时博客是一个很好的商业营销工具。

2005年1月，财富杂志公布的名单中，有8个坚持写博客的"商人"不能忽视。这里以它的原始形式列出：

1. Peter Rojas

2. Xeni Jardin

3. Ben Trott

4. Mena Trott

5. Jonathan Schwart

6. Jason Goldman

7. Robert Scoble

8. Jason Calacanis

这些人已经证明，博客是一个向市场推出业务的极好的方式，它可以产生资金，并进行销售。博客可以是就一个主题或某一热点进行述评，或者只是最近的新闻采集或个人经验。书面方式一般各不相同。

一个企业如何才能使用博客的广告？

你可以找到或启动一个博客，来谈论与你商务有关问题——这是一个促进您的业务很好的方式。你可以有很多机会来提及你的产品和服务。

许多公司在招聘作家来提供内容——从新闻到专题长文章——以促进他们的业务。虽然专业作家的投入不是必须的，但如果你打算亲自使用，访问其他公司的博客和做一些研究，来了解人们是被什么吸引使用这种交流方式，都是很有用的。

一些相关网站的来源是：

- ✓ 营销博客
- ✓ Popdex
- ✓ eatonweb.com
- ✓ Weblogs.com
- ✓ 博客网
- ✓ blogger.com
- ✓ Google 目录：网上：网络日志
- ✓ Yahoo：目录：电脑与互联网：网络日志

博客类型

此时，估计网络上有超过 60 万个博客。可以肯定的是，博客的类型有许多。任何种类，从政治博客到旅行博客，从勒瓦勒绍德博客到图片博客，视频博客到企业博客。

一些常见的商业博客类型将会在这里讨论。

大多数的博客不是商业性的。大多数博客的兴趣不一定针对赚钱。他们可以通过针对性的标语广告来获得很小利润，但大多数博客没有商业利益，他们正在寻求宣传自己。尽管如此，许多企业支付全职博客写手来宣传企业的商品和服务，特别是其意见书。

一个典型的博客中往往包括以下内容：

- 文章标题
- 文章的主体内容
- 博客全部文章摘要的网址链接
- 原定日期和出版时间的发布日期

一些博客具有评论功能，分类或标签，以吸引搜索引擎，并有引用或通告的链接，进入到其他相关的网站。

评论是一个博客讨论的非常受欢迎的方法。读者可评论，无论是作出更正，或只是表达一个意见。这种功能是一个商讨有关您的业务网络和一般风险的很好的方式。

一些研究者已经分析博客如何开始流行。最常见的两种是措施引文和从属关系。通过 blogrolls 成为一个受欢迎的博客需要时间，但永久性链接可以更迅速的提高知名度，而也许还有比 blogrolls 更指标的普及和权威的其他方式。

博客也给出了根据链接的传入数量的 Technorati 排名和 Alexa 的基于互联网的 Alexa 工具栏用户的网络点击量。2006 年 8 月，Technorati 列出了被链接次数最多的博客，是中国女演员徐静蕾和其被广泛阅读的博客 Boing Boing。

在中国媒体报道，徐静蕾博客共收到超过 50 万页面浏览量，成为也许是世界上最流行的博客。2006 年年中，徐静蕾的博客在互联网上获得最多链接的博客。

一些机构将博客作为一种手段的"过滤器游览"， 直接推向公共信息。一些批评者担心，博客写手既不尊重博客版权，也不是大众媒体提出可信的社会消息所应该扮演的角色。

第十四章 谷歌和 Froogle

什么是谷歌？

谷歌，是一个用户受聘于万维网用户的流行搜索引擎工具。该引擎是一个关键字扫描和组织由用户提交相关性网页的工具。

该搜索引擎网页，www.google.com，成立于 1998 年。

什么是 Froogle？

2002 年 12 月，谷歌正式宣布 Froogle 的价格比较服务。与大多数类型的服务不同， Froogle 的不收取清单或接受支付广告放置费用。更重要的是，该公司不需要佣金销售。任何公司都可以通过 ADWORD 的 feed 提交产品信息。

搜索结果按相关性排列或价格。您还可以搜索具体的网上商店。

除了 Froogle 上，有很多其他网上进行价格比较的企业我们也应该知道：

Kelkoo

NexTag

Price.com

PriceAsk.com

PriceGrabber.com

Shopping.com

ShopWiki

Shopzilla

AuctionSHARK

这些网站都与 Froogle 的目的相同。一些针对清单和广告收费。取决于你的全局商业策略，给这些站点的费用相比他们提供给你的，或许是值得的。

第十五章 链接诱饵

介绍

互联网是一个极好的工具，它的范围正在不断扩大。电子邮件营销，博客和企业联合，他们都是扩大你业务的视野和赢得相应的注意力的极好方式，这是许多企业和战略竞争对手使用，并用过一些时间的策略。其中最有效的营销工具不是信件，也不是注入网上的博客的销售。它甚至不是一个网站上公布的视频广告。

关于链接诱饵你需要知道的

业务的最佳方式之一就是给你的客户一点好处，让他们一直谈论它，以正确的眼光看待它。

在过去几年，甚至更短时间内，链接诱饵已经传遍整个互联网。它被确定为是一个具有革新性的营销技术，全新但略有争议性。但诱饵首先是为您的网站以廉价和有效的方式产生流量的一个好方法。

您的网站的链接越多，你的业务就越多。当然，有许多不同的方法可以让其他网站链接到你的网站。即使是廉价的方法也是非常有效的。提供内容丰富的网页，提交文章和新闻稿，多种分配网站和贸易联系将为您的网站注入活力。这些东西会使你的客户群感兴趣，但没有相当的什么能像链接诱饵一样起作用了。

链接诱饵是设计用来生成有兴趣的内容的。其想法是您的网站访问者通过制订链接诱饵，将自动创建链接回您的网站，你不必问他们问题。就像一个网上流传的影片，链接诱饵可以在各地的因特网以光速传播，而你不必做任何努力。

链接诱饵的关键是创建的内容很短，但非常有趣而迷人：

有争议的意见

导致激烈争论的课题总是对产生流量是好的。有争议的主题上，人们可以发表评论，你的网站肯定会获得注意。无论你在什么行业，都会有课题，引起激烈的辩论。如果你把他人具有争议性的内容的博客发布在您的网站，读者会想知道你要说什么，然后更多人将访问您的网站。

感人的故事

通过发布能引起人们感情共鸣的故事，寻找一个新角度，宣传自己的网站。

赠品

不会有什么东西比赠品让人更喜欢了。如果你能提供免费信息，免费提示或甚至免费的服务，客户很可能会对你的网站产生兴趣。免费的东西是完美的诱饵。

幽默

笑是打开大多数人心扉的方式。如果你能找到一种方法让人们笑，无论是一个幽默的博客，笑话，滑稽的录影，任何像这样的事情，都很可能使您的网站得到高的和持续的流量。

琐事

大多数人认为琐事难以拒绝。有趣，奇怪的事实和数字是巨大的诱饵，因为这些往往最后都在被别人的博客使用。以 MySpace 网站一个例子，你会看到很多人喜欢拥有不寻常信息的大量网页链接，和网上模糊的地方发现小测验的网站。

比赛和游戏

另一个获得流量的很好的方式是竞赛或您网站上的游戏。寻找最糟糕的万圣节服装或访客中最漂亮宝宝。消息将蔓延，你可以发现您的网站变得非常流行，甚至主要的互联网新闻都会报导。

网络营销公司

由于你可能没有时间去开发新的想法，您可能没有能力把你的想法生活化，雇用一个互联网营销公司，可能是你应该认真考虑的问题。网络营销公司都非常专注于采取你的想法和信息，以求将时尚变为成品和营销思路。他们也可以从最底层发展链接诱饵，这将为您的网站带来巨大增长。

第十六章：案例研究

概要

在当今世界理解网络商务的最好方法之一就是看一些成功网上商务的案例。本章旨在揭晓一些主要的网络成功案例——个人的和企业的——他们通过使用征服网络的逻辑和有效的策略获得了一定的成就。

Alex Mandossian，网络营销专家

网络上第一个转型专家就是 Alex Mandossian，投资总裁，在 Robell 研究公司担任首席营销官。Robell 公司是 90 年代在麦迪逊大道上的一家市场调研公司。

Mandossian 因为发展了广告片而享有盛名，其广告片包括为 Suzanne Somers 的 "Thigh Master"，Ron Popeil 的 RONCO 食品脱水，Telly Savalas 的国际玩家俱乐部， Ray Stevens 的经典喜剧影片，和时代生命的野生动物影片系列。

最近，Alex 帮助其客户在电视广告、广告片、QVC 电视购物公司、家庭购物网、产品目录册、直接邮件、网络营销和明信片的销售上赚取了上百万美元的资金。

在网上，Alex Mandossian 作为网络上最好的广告撰写人、演说家、远程转换小组以及交通转化咨询师之一享有盛誉。

他同样也是 AskDatabase, AudioGenerator, 和 VideoGenerator 等公司的创始人，以及声频明信片、视频明信片和在线如何更快更好更容易获得更多销售调查的第一批用户。

虽然从这样多才的人身上还有很多东西要学，知道他最有趣、给人印象最深的观众也是他的努力。声频明信片，视频明信片和在线调查应该尽可能的被每个在线商务使用。

Corey Rudl

在众多这个年龄的网络领袖当中，Corey Rudl 作为一个真正的天才而出众。
Corey Rudl 拥有：

- ✓ 4 个在线业务
- ✓ 每年 660 万美元的在线销售额
- ✓ 超过 6000 个子公司
- ✓ 每月超过 180 万的网络点击量

作为一个投资专家和电子商务先锋，Corey Rudl 在 1994 年利用仅仅 25 美元开始了他的第一笔在线业务。他成功的将这笔小的投资转化为了一个几百万美金资金的企业。他的秘密是受到结果驱动的网络营销策略。

作为对线上商务需求的回应，Corey Rudl 建立了网络营销中心，现在是一个百万美金资产的企业。网络营销中心与全球无数的企业家和企业分享其营销策略和软件方案。

从他成功的例子告诉我们，理解需求来进行修改、测试和提升营销策略是十分重要的。Corey 通过每天测试新的策略使其在线业务获得了成功。他发展了预报市场趋势和预测 "下一个大事件" 的能力，策略性的进行投资。

他的网络营销课程，"网络营销秘密的局内人"，是当今最成功和最有用的有关 "如何" 指导之一。

Derek Gehl

Corey Rudl 的同事，Derek Gehl 现在是网络投资中心的新总裁。

访问以下两个网站，获取极具价值的网络营销提示和策略：

http://www.marketingtips.com/

http://www.auctiontips.com/

Joe Vitale

Joe Vitale 由于他在创作、分析和回顾广告、传单、新闻发布以及销售信的优势而享有盛誉。Joe Vitale 目前在全球拥有超过 500 位客户并且这个数量每天都在增长。Joe Vitale 的名声同样来源于他的能力，他善于组织能够使人们进入"购买程序"的网站。而这整个的技术都基于他的新书《催眠营销》。

Joe 著有多部著作，他是极为流行的南丁格尔·科南录音带系列《野蛮营销的力量》的作者。

Joe Vitale 同样也写作了《网络写作：如何在线促销你的产品和服务》、《给你的写作加压》（1998）、《AMA 小型企业完全指南》、《每分钟都有一位客户：P.T.Barnum 的商业成功秘密》（1998）、《AMA 小型企业广告完全指南》（1996）。

他的最近新书，与 Jo Han Mok 合著的《电子密码：网络迅速赚钱的 47 个秘密》。

他是当今世界五大营销专家之一，以及世界上第一个催眠作家。

除了从他出版许多项目中获得市场营销和在线商业广告的见地，看看他的一些想法，博客等也是不错的想法，可以从中获得非常好的成功方式。

转机业务

在线市场营销的专家名单中著名的专家很多；多到一本书都涵盖不了。不过，谷歌搜索会让你查看更多的信息和更多的名字。

本书内容更为重要的方面是看看大的商业玩家；和那些通过实施网上投资策略的影响巨大成功的公司。

通用汽车

- 因为其企业博客而著名：通用汽车公司的快车道
- 率先由公司高级经理发布博客的公司之一
- 利用它的博客，来更正主流媒体的偏见或失实报道
- 确定博客的重点：回答重要问题的同时，将注意力集中在主要目标上：促进和讨论公司产品。
- 博客每天吸引访客 7500 人次；每篇帖子平均收到 70 个评论。

通用汽车公司在 2004 年十月开始他们的博客。他们以小规模开始，这样就能够逐渐完善来创建新闻和从客户处得到反馈。他们将注意力集中于注入不同的谈论话题，维护好的内容。通用汽车的博客不用博客写手来促进或推动主题讨论。

六人的写作小组对其内容负责。同样也有人负责编辑。

针对你业务的网页博客优势：
- 与你客户讨论的机会
- 设计简单
- 你控制发布频率
- 宣传你的产品极好而非正式的方式

国家制造商协会（NAM）
- 10 年之久的网站
- 14 个月之内开始写博客
- 访问 NAM 的访客数量超过了访问其主站的人数
- 目标是提升制造商的形象
- 博客帮助建立了一个最前沿的名誉
- 每个月流量增加约 20%
- 每周 14 000 次访问
- 博客带动了 10%的基本网络流量
- 在 14 个月之内，博客收到了超过 1200 条评论
- 每个星期六，公司就会在其 "CoolStuffBeingMade" 区域发布针对儿童的视频

尽管其价值在开始时受到质疑，博客现在是企业完整的一部分，每天更新数次。

目的在于修复 NAM 的交流，使其与新读者更相关，并且最终建立起一个在线社区。

总结
如果你想要建立起强有力的商业机遇——如果你的企业生病，它要足够强大的契机可以使其转型——你必须能够找到或者建立起自己的定位。定位是向你网站吸引访客的基本利基。

大公司会花上百万来调研市场以找到一个独特的位置。然而在商业的这个区域，钱不一定就能为你买来答案。很多最大的企业仍然没有找到他们的利基。对小型企业拥有者的好消息是：在一些方面，小型企业建立起定位更为容易。有个人感情的网站似乎有一些优势，当这个网站真正是企业家个人的努力而建成时，这种感觉就会流露出来。

那么为什么独特的定位很重要呢？你的定位和品牌越强壮，你与目标用户的关系也就越密切，而你就可以销售更多。你的网站定位越强大，你就越容易得到更多流量，因为读者一眼就能看到，不论这个网络业务机会是否适合他。

好的，我们同意了独特的定位是重要的，但如何得到呢？让我们简单来说。最好的方式就是给你的线上业务如同你给自己的脸一样的机会，使他变得和你想的一样：颜色，模板，样式，产品，服务等等。当你准备网站的时候，就像和你的客户的讨论一样。试图像他一样思考。或者尝试做一个自己网站的客户。

我们绝对相信如果你真诚的帮助你的客户，你就会成功。网络商务机会是一个100%的服务商业。自己来处理它，用好的服务建立起独特的定位。表达你帮助的意愿。专业快速的回复所有客户的邮件。询问你自己是否可以帮助他们更多。很快，你真正关心客户的名声就会传播而你的品牌就以服务网站定位。你访问了很多很多的网站。他们多少有很好的服务？答案是：很少。

服务定位是一个独特的方式，因为没人可以模仿你。你正在将你的个性深入你的网站！这会有效！所有的决定都不是是由感觉而是由理性分析作出的。现在你与你的客户已经建立了感情基础。这意味着信任。

你的网络商业机会必须是独特的。最重要的事情是，是否你的用户也将它当成是一件独特的事情来做。而这就是你可以影响的过程。你可以通过每次推销站点是都重复你的服务信息来克服在你的用户心中的定位问题，成为最好的服务主页。将它作为一种定位的标语。

当我们考虑定位问题是，我们想给你一个清单：

1、 网站通过什么方式才是独特的？（最广泛的产品，最漂亮的）
2、 描述这种独特性
3、 我的网站提供价值么？
4、 我的网站表达质量么？
5、 我提供30到60天的退款保障吗？
6、 我可信吗？我建立起信誉了吗？
7、 我在一天内回复了所有的邮件吗？
8、 我表达了帮助访客的愿望吗？
9、 我表达了我会长久从事商务吗？

总结：将你的个性点燃，你就会为你的网络商机建立合理的定位！

更多资源

书目

企业转型

《街头小企业转型：振兴你挣扎中的呆滞企业》　Marc Kramer 著

《成功企业转型》　Eugene F. Finkin 著

《哈佛企业转型回顾》　Harvard Business Review 著

《企业转型和破产套装》　John Ventura 著

《六个月修复：拯救失败企业的探险》　Sutton and Gary Sutton 著

商业计划

《亚当街头商业计划》　亚当媒体公司

《笨蛋商业计划套装》　Steven D. Peterson, Peter E. Jaret, and Barbara Findlay Schenck 合著

《创作有说服力的商业计划》　Arthur R. DeThomas Ph.D. and Lin Grensing-Pophal 合著

《成功商业计划：秘密和策略》Rhonda Abrams and Eugene Kleiner 著

《怎样写.com 商业计划：网络企业家所需要了解的有关商业计划和金融选择的一切指南》　Joanne Eglas 著

使用网络做生意

《在内衣中变得丰富：如何开始经营可盈利的家庭商业》　Peter, I Hupalo 著

《网络利基：网络百万富翁的简单赚钱秘密》　Scott C. Fox 著

《开始网络商务：笨蛋的多合一桌上参考》　Shannon Belew，Joel Elad 合著

《笨蛋开始网络商务》　Greg Holden 著

《网络商业法律环境》　Henry R. Cheeseman 著

《开始在线商务的非官方指南》　Jason R. Rich 著

《笨蛋开始 Yahoo!商务》　Rob Snell 著

《在线商务的一切》　Rob Liflander 著

《在线商务成功故事：内部秘密，来自今天在线赚取百万美元的专家》　Rene V. Richards 著

《暂行商业法律和在线业务法律》　Henry R. Cheeseman 著

《家居书店：开始在亚马逊、eBay 或自己的网站销售你用过的书籍》　Steve Weber 网络资源

商业城镇

http://www.businesstown.com

在线商务相关的文章，提示和链接

参考

广告网络 Wikipedia.com
http://en.wikipedia.org/wiki/Advertising_network

Wilson 博士——搜索引擎优化的口述指南 (2006 年版)
http://www.wilsonweb.com/ebooks/seo.htm

电子邮件投资手册 (第二版) 2005
http://www.wilsonweb.com/ebooks/handbook.htm

网络投资, Wikipedia.com.
http://en.wikipedia.org/wiki/Online_marketing

在线广告， Wikipedia.com
http://en.wikipedia.org/wiki/Online_advertising

计划你的网络投资策略：Ebiz 博士指南
http://www.wilsonweb.com/plan/

搜索引擎， Wikipedia.com
http://en.wikipedia.org/wiki/Search_engine

搜索引擎优化, Wikipedia.com
http://en.wikipedia.org/wiki/Search_engine_optimization

旗帜广告, Wikipedia.com
http://en.wikipedia.org/wiki/Banner_ads

当代网络商务
http://www.wilsonweb.com/

网络流量, Wikipedia.com
http://en.wikipedia.org/wiki/Web_traffic